沙漠裡的鯨魚

防彈阿米的飯圈觀察筆記

FTBN-K 桂竹君 著

三悦文化

Magic Shop 的
叢 林 探 險

　這不是一本講述防彈少年團為主的書，而是一個以粉絲的身
分，解析粉絲文化和各種粉絲心態與行為而衍生的世界。

　因為我本身是一個社會人士，也是有兩個孩子的家長，也曾經
是電視台媒體人、當過編導等等，以一個多元的身分來追星，所
看到的角度也更不一樣。

　我的追星經驗是防彈少年團 BTS，防彈少年團的粉絲的名稱叫
「ARMY 阿米」，所以在很多內容描述和歷程，也是跟著防彈一
起成長一起體悟。

　從沒有追星經驗的人，突然進入了粉絲迷妹的世界，原本以為
沒什麼大不了的，結果卻是非常的不得了！

　在 10 年多的追星歷程裡碰撞，酸甜苦辣之外還有很多更深一
層的體會，希望能用一椿椿自己真實經歷並體會的追星歷程，來
呈現和解鎖讓許多人感覺霧裡看花一般的「粉絲世界」。

　用一個我個人很喜歡的防彈少年團歌名 <Magic Shop> 來說，
追星之於我就如同打開了魔法商店的門，但是卻發現自己走進了
一個叢林……

　自 2013 開始的 10 年追星經歷濃縮，體驗了許多沒有成為追星

族時所無法想像的事：

從入坑到怎麼下決心並開始經營粉絲專頁；試著解析歌曲和MV 的意義；從不會使用微博開始學習和參與打榜；迎接人生第一場自己為了追星花錢買票參加的演唱會；

防彈來台開演唱會時，我看到機場粉絲接機時因為秩序的紊亂而遭遇到社會的負面評論，於是運用自己的行銷活動相關經驗，催生了 2016 年台灣阿米的自律小組，明明成效卓著卻成為網路霸凌的對象；

其後加入日本和韓國的官咖，展開飛韓國和日本追星人生；然後又漸漸的認識了許多追星的站子和站姐，做各種給偶像的應援，衝簽售會，一直到粉絲咖啡「FansCafe」的誕生。隨著市場的轉變，防彈少年團成為世界彈，經紀公司成為集團，世界各地粉絲的大量出現和變化，直到新冠 COVID-19 疫情的開始……

從一個人孤獨的追星，漸漸的演變，加入追星族群和觀察追星的方式，一開始像是一隻誤闖叢林的兔子，也踩過許多地雷，被說不了解飯圈文化的時候，頭上出現超多問號，飯圈到底是什麼？飯圈文化又是什麼？

　　一路上的各種大事件紀錄，帶出粉絲與粉絲間的身分與角度位置不同，衝突、矛盾、利害關係、立場、認知、文化差異⋯⋯等等多面向。

　　除了分享自己的經驗和體驗之外，也希望能夠對社會和粉絲提供有助益價值的內容。

　　身為社會人士，在經營粉絲專頁和粉絲咖啡的時候，發現有許多相關廠商都想要進入粉絲的市場，但是可能會得到許多的告誡，還會發生一些令一般社會大眾無法理解的狀況。

　　站在本身是市場行銷專業的部分，認為必須先了解一個市場，才能思考如何進入那個市場，所以唯有了解、融入粉絲文化，市場以及經濟的關聯，與粉絲之間要避免的一些敏感問題，才能更進一步的思考要如何獲得粉絲認同。

　　粉絲族群佔比例最大的是 12~20 歲，在這個年齡階段遇到的問題，更多的是家長或是老師在面對追星的孩子要如何相處？所以如何讓追星這件事情幫助父母和孩子一起成長、一起變得更好，也是一個重點，而且也要讓粉絲們能夠因為追星而有所收穫。

　　家長必須了解一些孩子在追星的時候會遇到的人事物，尤其

不能忽略在媒體上和網路上的生態，因為孩子最容易接觸的資訊來源就是追星的一些生態環境，例如在粉絲群體裡常出現網路霸凌、同學排擠，孩子可能成為被霸凌的對象，也可能是霸凌別人的人。

如果家長可以事先了解，就能與孩子有很好的交流，同時也能適當的引導，例如會分享一些為什麼粉絲分成很多派，有的永遠在罵經紀公司，經紀公司到底是帶有什麼樣的原罪嗎？真的沒有一家經紀公司對旗下藝人好嗎？

還有，粉絲是什麼？分哪些？

美粉，歐粉，日飯，韓飯，中飯，台灣，泰國，印尼，馬來西亞……

以下這些怪怪的名詞又是什麼意思？怎麼區分？

真心飯，私生飯，CP飯，唯飯，團飯，黑粉，腦粉……

入坑，爬牆，脫飯，打榜，站子，站姐，官咖，應援，粉絲名……

聽懂孩子的追星語言永遠是第一步融入孩子世界的方式！

CONTENTS

目次

沙漠裡
　怎麼會有鯨魚？

以一般大眾也就是粉絲口中的路人的角度思考，

沙漠裡怎麼可能會有鯨魚？

抑或是，鯨魚怎麼可能在沙漠裡？

這樣的想法就如同當時的我，

而我進入了自己認知的沙漠，才發現原來……

入坑

　　成為粉絲的第一步～入坑，入坑之於我是開始於一場賭局。

　　由於過去在演藝經紀公司工作，後來又在電視台的工作經驗，可能是藝人看得多了，所以也不會覺得稀奇。工作時講求專業度，也不想要去說誰特別帥特別美，每個都帥都美，而且我們也看過太多經過精緻設計包裝的藝人，實際上美醜不是重點，工作時的態度和一個人的品格個性，反而才是我們會在茶餘飯後時聊的。

　　因為有著這樣的工作需求和環境，讓我覺得藝人並非遙不可及，在我的眼中他們也都只是普通人、平凡人。

　　另外因為我在電視台是擔任行銷公關和市場分析的部門主管，自我養成的市場敏銳度，需要常常關注台灣、日本、韓國、中國的各個偶像或是藝人的動態。

　　這些資訊關係到很多方面，例如現在哪個團體當紅，哪個藝人最近有負面的消息，對於藝人的關係維繫和管理，藝人所屬的經紀公司是否有妥善處理對媒體和廠商的能力，關注這些才能掌握一些行銷上重要的方向。

　　例如廣告時段的調整，商品代言可以推薦哪些人選，各種活動的出席邀約，電視劇或是電影的版權採購……等等，說現實一點就是誰名氣大，誰比較值錢，誰的時段可以調整，誰的作品可以推薦可以購買，誰現在是地雷千萬不要碰……

　　所以「入坑」這件事對我來說，一直以來壓根覺得是不可能發生在我身上的事情。

　　認真推算了一下，我是到了已經 37 歲，看到 BTS 防彈少年團才能說正式入了坑，入這個坑也是一個很奇怪的原因。

　　在更早之前雖然已經在網路上注意到了這個團體，主要是因為團體名字特別吸引我，有些人說「防彈少年團」這名字很奇怪，有人說覺得很中二，如果要說中二的話，我自己擁有的筆名叫「黑翼撒旦 紫」可能在中二的程度等級還比防彈更高一些，所以我是覺得這個團名還蠻帥氣的，防彈耶！很酷啊！

　　基於這個中二的理由，反而讓我特別去搜尋這個團體的資訊來看，可惜當時因為他們所屬的經紀公司 Big Hit 真的沒有任何名氣，所以不在我的「工作需要觀察」名單內，也就是當時的 Big Hit 不具有影響市場和廣告價格的能力，那個時期在線上受到關

注度高的人氣偶像男團是 SM 娛樂旗下 EXO，以及 YG 娛樂旗下的 BIGBANG，大多是一些知名度大的公司出的團體。

我看了一些防彈出道前的 Vlog，因為不懂韓文所以沒有特別的感覺，但是我本身有種還算神奇的直覺，例如我覺得蔡依林會紅，雖然蔡依林剛出道時被嫌棄和攻擊，可是我卻覺得她會紅，後來我也常常料中一些藝人，其他的我就不多說，我可不是要說我有靈媒體質，我只是要寫出我入坑的原因，或許這樣敏銳的感覺是一個入坑重點。

我覺得會紅的後來都紅了，所以當時對防彈少年團也有這樣的感覺，覺得這個團體好像會紅，但是這種莫名的感覺沒有理由，就彷彿賭博一樣，我就在他們出道的時候關注了他們。

那個時候，真的就是每一次看都覺得他們會紅，尤其是隊長 Rap Monster（金南俊剛出道時的藝名），我在還沒有認真研究和分析他們每個成員的狀態下，單純依自己看舞台表演的直覺，當時腦海裡不斷有個聲音，讓我注意到這個 Rap Monster 表現得很突出很不錯，他才出道就讓我覺得他可以吃下整個舞台。

防彈少年團是一個 7 人組合，我很誠實的說，在他們剛出道的時候，舞台上的爆發力和掌控度，其他六個成員都還不具有一個

人就吃下整個舞台的那種能量，畢竟當時他們都還很年輕，是平均年齡不到二十的年紀。

　　但是後來我查了資料發現不得了，這位 Rap Monster 也不是年紀最長的，1994 年出生的他在團體裡雖然擔任隊長，2013 年出道時的實際年齡才 19 歲，所以那時候我覺得他未來可能可以跟 BIGBANG 的權志龍一樣，真的也是自己跟自己的內心在打賭，然而當時我的身分在追星這條路上是一片空白，雖然在網路上查過資料，但是卻不知道水深，甚至也不知道那時候防彈少年團出道，隊長 Rap Monster 正在遭受許多粉絲的攻擊，認為他不適合偶像團體，而吵著要他退團呢！

　　看好 BTS 防彈少年團的這些話，當時也有跟身邊的追星朋友提過，只是那時候防彈少年團和 Big Hit 真的是什麼都沒有，也什麼都算不上，我說我要賭一把，我要賭賭看我的直覺到底是不是真的很準，我覺得他們會紅，當時的那些朋友應該聽了也是笑笑，想說反正我這種不會追星的，就說說而已吧！

　　可我並不打算只是說說或是看看而已，我決定好好的研究這個團體和他們的歌，當然以我做市場調查的習慣，他們所屬的經紀

公司也一樣要好好研究，因為太多太多的例子就是藝人很強很棒很好，但是經紀公司太弱，沒有資源沒有錢，或是沒有用心，經紀公司商業操作，藝人如商品一樣試一試就拋棄的也是常態。

韓國的環境超級競爭，許多有才華的優秀藝人也會走不下去，只能被迫從舞台上淘汰。

說真的入這個坑真是冒險，因為當時的 Big Hit 看起來就是快要破產的感覺啊！

第二個身分——阿米

追星不一定入坑，有些人追星是很多類型，例如追韓劇的人會因為劇情而喜歡演員，看很多劇就每個合他眼緣的他都喜歡，同理在綜藝和歌手以及偶像團體也適用，這類型的追星是喜歡的都看都聽，追得很廣，但是並沒有入坑，只是單純喜歡而已。

所謂入坑，那個「坑」字就是重點，自己挖了一個坑心甘情願的往裡面跳，這是個什麼坑？什麼情況呢？

這是一個為了自己的偶像，要投入心血、情感、金錢、時間……的坑，這個坑就像談戀愛一樣，有些人只能專心入一個坑，有些人可以入兩個以上的坑，入幾個坑是沒關係，並不是真的談感情劈腿那樣的道德觀念，但是入的坑越多一定越心累的。

也有人會說自己已經爬出某個坑，又可能入了另外一個坑了，也會被稱為「爬牆」。

入坑的粉絲通常會認同自己的「粉絲名字」，例如我是防彈少年團的粉絲，我不會說「嗨！我是防彈少年團的粉絲」，那也太長太奇怪了，我會說「嗨！我是阿米（ARMY）」。

同時我們也會知道其他偶像團體的粉絲名稱是什麼：

BIGBANG 的粉絲叫做 VIP，Super Junior 的粉絲叫做 E.L.F.，SEVENTEEN 的粉絲叫做 CARAT（克拉），EXO 的粉絲叫做 EXO-L（愛麗）……

這些粉絲名是由偶像團體官方命名，都是有某些意義的，有的是英文縮寫，有的是跟偶像團體的名字相呼應，中文的名字有些是英文音譯，有些是韓文音譯，也有的是偶像自己曾經這樣稱呼自己的粉絲，粉絲們之後都這樣自稱。

　　我成為阿米也是經過一番認真的思考，畢竟自己入坑時已不是可以輕易就昏頭的年紀，如果說入坑是一種行為，那將某個名字加在自己身上，成為自己擁有另外一個身分的代表，這個意義其實更為重大。

　　認真說起來，我想很多 12 ～ 18 歲左右年紀的孩子們並不會像我這樣，他們畢竟還是一個對自己的人生懵懂和憧憬的時期，對自己的名字沒有那麼多想法，可能朋友之間取的綽號都多到數不清，我唸書時綽號就有七八個以上。

　　但是出社會一段時日之後，漸漸會改變，稱呼、暱稱、尊稱⋯往往代表著你所處在的位置和你希望被如何看待，所以，要讓粉絲名成為自己的一個身分，說出「我是阿米」是需要慎重考慮的事，就像我們要對旁人或陌生人介紹自己，我是他的什麼人？我的身分和位置在哪裡？是家人？朋友？同事？

　　粉絲名在自己口中說出，也是一樣的道理。

　　冠上了粉絲名，就等於你同意和這個偶像團體建立起一段超越普通的欣賞和喜歡的關係，這樣的身分建立，雖然看起來是雙向，其實偶像團體只能接受和付出，他們無法選擇哪些人可以成為他

們的粉絲，只要有人說我是某某人的粉絲，甚至以粉絲名自稱，藝人幾乎沒有拒絕的權利，只能承擔。

所以使用了粉絲名字的人就要擔負起「粉絲行為，偶像買單」的這句名言，也要站在為自己的偶像操心和著想的立場，成為愛護和守護自己偶像的粉絲。

我當時是這樣認真思考之後，才決定讓「阿米」成為我的第二個身分。

老實說，我因為沒有追星的經驗，現在寫的有部分是近 10 年的追星日子所領悟到的，有很多初心也是經過一再的考驗。

不是每個追星的朋友，或是稱呼自己是某團體粉絲名的人，都會思考這樣稱呼自己，以及這樣冠上粉絲名有何意義。

但是隨意冠上粉絲名，自己的言語行為就會影響到這個偶像團體在大眾的看法下呈現出的狀態，這是真的，也是應該要被認真對待的。

所以粉絲圈（飯圈）也自然的發展出許多生態和文化———真心飯、跟風飯、路人粉、黑粉、假粉、姨母粉（親媽粉）、男（女）友粉、唯飯、團飯、CP 飯……等，出現各種身分和稱呼，

有些是被分類，有些是自己認知，衍生出一套粉絲自治自理自律的生態，好不熱鬧。

姐姐，我不是要賺錢的

　　談到追星和粉絲文化，入坑和成為粉絲之後，一定要介紹的就是演唱會的世界，這個演唱會也是原本我完全沒有想法的一個區塊，在成為粉絲之前也不是沒有去過演唱會，但是多是朋友邀約，就是去聽歌和看表演的心情。

　　但是當自己成為粉絲進入了追星的世界之後，就會發現去現場的演唱會是非常重要的事，不是在別人眼裡覺得重要，而是自己在現場參與的心情和感受過之後，體會到現場演唱會真的是有一種讓人無法自拔的魔力。

　　就從 2015 年我參加的第一場 BTS 演唱會開始，帶大家一起了解現場粉絲文化給我帶來的衝擊。

　　當時我知道有台灣場的演唱會時，完全不知道演唱會的票要怎麼買，因為我之前都是朋友邀約參加，當然演唱會的票都不是我自己處理的，但是這次是我自己想去，除此之外 BTS 防彈少年團在那時候也沒有什麼名氣，我跟朋友問的時候他們的反應都是「什麼少年團？」，「防彈？沒聽過耶！」，「是日本的團體嗎？」等等疑問。

　　好不容易有個朋友說她幫我買兩張票，還很猶豫的問是誰要去的，其實買了兩張 4 千多元最前面 VIP 區域的票，我是真的還不知道另外一張票要找誰陪我去，反正先買了再說。

　　票買好之後就覺得沒事了，因為我也不會韓文，只有看推特的其他阿米用英文翻譯的一些相關資訊，而且資訊也真的沒有很多，突然看到了好像有什麼 VIP 擊掌活動，我以為是 VIP 區域的都可以擊掌，所以沒太在意，後來官方公布擊掌名單才知道原來是用抽籤的。

　　我想了半天決定上網找找擊掌活動，有社團裡面在轉讓，那時候心裡還在猶豫要不要擊掌，對一個 37 歲沒追星過的我來說，並不了解跟藝人擊掌是有什麼意義，心裡不斷質疑自己有沒有需

要這樣瘋，買演唱會的票就快一萬，又找擊掌的轉讓，不知道要花多少。

之後才知道這只是開始的基本而已，跟後來 10 年的追星路比起來，當初種種根本連個「瘋」字都沾不上。

不過還好因為「以為」自己可能就只瘋那一次演唱會，心想人家年輕不要留白，我追星也不要留白，要做就全部都來，弄個演唱會大全套通通體驗一遍，所以就在社團裡搜尋轉讓擊掌資格的留言。

這也是我人生中第一次去找這種什麼資格轉讓，很怕自己被騙，那時候看到了一個台中阿米留言轉讓，價格自己喊。

我私訊對方之後先聊了幾句，問了為何要轉讓擊掌資格，原來她跟妹妹都只是學生，兩個人很幸運都抽到了擊掌資格，但是她跟妹妹一起上台北看演唱會已經花很多錢了，於是她決定讓妹妹去跟 BTS 的成員們擊掌，將自己的擊掌資格轉賣，補貼她跟妹妹的交通住宿和吃飯錢。

我聽了覺得這孩子真好，而且非常理智，姐妹兩個一起上台北看演唱會，身為姐姐的她如此替妹妹著想，於是我問她擊掌資格

的金額，她說她也不知道怎麼弄，也是第一次做這種轉讓，就貼到社團裡看大家出價，我想了一想就跟她說我出五千元。

不要覺得我是亂喊的，我個人本身就是做行銷活動，對於如果廠商說要做一場活動，以邀請一個偶像藝人用握手和擊掌做為商品促銷的方案，我是還蠻有這方面的專業度，一般要以藝人的出場費或是代言費，配合商品銷售利潤，來計算活動的價格和數量。

簡單倒推演算，假設活動設計是要消費 X 元以上可以跟藝人握手，限定 200 組以免藝人握手時間不夠，因為一場活動平均抓 2 小時，藝人可能還要表演或是拍照等，假設場地租金和布置舞台等需要 10 萬元，行宣廣告和禮贈以及工作人員等其他開銷 10 萬元，藝人出場費 80 萬，商品成本是售價的 4 成，這個活動的消費者金額 X 元粗估就是要落在 8400 元以上廠商才不會虧，但是最後的活動消費金額，廠商也要依照自己商品的市場價位和消費者客層有所調整。

如果市場和客層的基本消費客層落在 4000 元，要拉高到 8400 元有困難，那可以訂在消費 5000 元的門檻加上抽獎資格等方式。

當時我心中的金額計算方式，是以防彈有 7 個成員，如果平均一個成員擊掌一下算八百元，7 個成員就是五千六百元。

但是那個孩子好像被我的出價金額給嚇到了，她過了一會兒回訊息跟我說：

「姐姐，我轉讓這個擊掌資格不是要賺錢的，我只是需要跟妹妹兩人的交通住宿和餐費，所以您給我三千元就好了。」

我聽完很訝異，我沒想過還有賣家自己砍價錢的，但我也沒有注意到她說的內容裡面有包含了「賺錢」這兩個字。

在演唱會現場等待這個孩子的過程我也很緊張，因為我不知道她是否真的會出現，好險她出現了，帶著她的妹妹一起，我當時沒有刻意留下她的連絡資料，現在想想還真的很想知道她過得好不好，是否還有繼續在當阿米。

講述這裡就是一個粉絲文化的重點來了，「姐姐，我⋯⋯不是要賺錢的」這句話就是關鍵。

這個粉絲文化的重點在演唱會門票的「高價出售」狀況。

在粉絲世界裡這個真的是很複雜的狀況，因為它在台灣被稱為「黃牛」，是人人喊打的壞人；在中國那邊被稱為「票務」卻是粉絲追星一定要加群和認識的存在；在美國則是直接有「交易平台」，誰都可以把票放上去自由訂價，還可以刷卡和保障寄出。

這麼大的差異到底是為什麼呢？

這裡先從粉絲的角度和一般社會大眾對演唱會的看法來說。

演唱會在粉絲的心中是非常重要的，因為演唱會需要耗費很多人力物力以及時間和金錢去準備，很少有藝人可以常常辦演唱會，如果還要去世界各地巡演，同一個國家或是地區等一年都未必能等到一次，演唱會現場也常常有各種藝人用心準備的特別舞台，所以粉絲會希望能看到自己喜愛的偶像藝人演唱會，加上場地可容納的人數有限，就會有粉絲認為如果不是真的很喜歡這個藝人，就把能進入演唱會的機會讓給粉絲吧！

可是一般沒有在追星的社會大眾對演唱會的看法，就如同我一開始所敘述的，就算不認識這個表演的藝人，單純去看一個表演，去欣賞一個口碑不錯的舞台，只要是買票進場的都是消費者，就只是好奇去看看也可以去演唱會，至於要不要把機會讓給粉絲，這樣的想法可能也因人而異。

不同的國情和文化對應在這件事情上就產生了不同的狀態。

在台灣的粉絲文化是對這種加價售票的行為採取比較強烈的攻擊，「黃牛」就會表示自己也是用同樣的售票管道搶到的票，自

己擁有的票要賣多少是個人自由，有沒有人要買也是市場機制，所以在網路上會產生非常多的摩擦和挑釁。

在中國則因為「票務」有一個類似約定俗成的文化，票務的演唱會相關資訊幾乎八成是正確的，還可能提早半年以上就已經在公布之後的哪些藝人有哪些地區要辦演唱會，各種票可以透過票務預訂，所以許多粉絲們認為你可以自己等官方的購票通路，也可以早早就透過票務的管道取得，票務的票是比較貴，但是可以選想要的場次、區域和位置，除非票務詐騙，收了錢不出票，不然粉絲是接受的。

至於美國的「交易平台」真的就無須多解釋了，在歐美他們是各種演唱會的大本營，每個月每個地區都有各式各樣的演唱會此起彼落的在舉辦，所以已經沒有人要吵演唱會的票多少錢這件事情，對他們來說演唱會的票就跟耐吉球鞋一樣，定價或許幾千元，可是有人要賣十幾萬都可以，反正你放到交易平台上就會看到一堆價格高高低低的，大家各取所需，票券的交易平台也跟 ebay 一樣，只要保障買賣雙方，該付錢的該出貨的，公平交易不要有人被詐騙即可。

畢竟我是身在台灣，所以就以台灣的粉絲文化來進行探討。

　　當時那個妹妹會說「姐姐，我⋯⋯不是要賺錢的」，就是怕被誤認為黃牛，我也是後來漸漸接觸了一些粉絲文化才了解的。

　　粉絲可不可以轉讓手上的票券，其實是可以的，畢竟這就是個人財產和自由，但是如果價格提高到讓粉絲族群覺得不合理，就有可能被貼上「黃牛票」的標籤，這個合理與否界定在哪？個人覺得可以參考粉絲文化裡面對於「代購費」的接受程度來看。

　　例如代購一個商品，原價加個幾百元可能可以被接受，但是如果加個幾千元就會被罵了，所以我那時候對於擊掌資格轉讓喊了5000 元，對那個學生妹妹來說，可能以為我把她當成黃牛了，粉絲的自尊心是不能容許自己被誤會成黃牛的。

　　另外，台灣粉絲文化裡面還有對「公關票」這件事也很感冒，我們做行銷公關的專業，對於公關票這種事情認為是超級正常。

　　先說明一下什麼是正常的公關票，一場活動的「贊助廠商」、「投資方」或「主辦方」，原本就會有招待自己「貴賓」的免費票券，既然是貴賓就理所當然會在視野較佳或正面或接近舞台的區域位置，然後還有部分是「媒體」的免費票券，後來漸漸就不區分貴賓還是媒體，反正許多媒體也是貴賓。

這些公關票券的數量其實也是有一定的限制，畢竟任何活動都是要以營利為主，總不可能通通把票拿去送，所以大多數都是有一定的名額數量限制，嚴謹一些的還會要求各家有資格申請公關票券的單位必須提前提供名單，再依照名單來準備票券提供。

這對於行宣公關人員是經常在處理的事務，我們會跟集團高層的秘書匯報，有些公司是跟行宣部門主管匯報，然後公司方面再看是什麼活動的票券，有的是需要指派某些單位主管親自出席，為了到現場替公司做公關和業務，有些就是將名額分發給各單位當成公司給員工的獎勵福利。

我當然也是花了一點心思去理解粉絲對於公關票的觀感不佳，主要會被攻擊多是來自於「炫耀」和「不勞而獲」。大多數的追星族年齡層是在國高中的階段，他們如果有演唱會的公關票一定不是自己的身分地位或是能力而取得，在網路上亮出自己的公關票對很多人來說就是炫耀的行為，這行為本身就不討喜了，加上粉絲們為了搶票和存錢看一場演唱會可能千辛萬苦，公關票是免費的又不用搶票，若不勞而獲的人再發文高調炫耀，就會讓某些粉絲覺得氣憤和不公平，然後公關票的正當性就會遭受粉絲們各種的挖掘和肉搜。

　　台灣場演唱會的好幾家主辦單位，都經歷過很多次的粉絲投訴某某人的公關票取得不正當等情事，所以現在公關票幾乎就隱形，盡量不出現蹤影了，實際上某些演場會應該還是有的，除非演出藝人的經紀公司非常夠力，有資格要求主辦方完全不准有公關票的部分。

　　要求主辦方不准有任何公關票的意思，等於是要主辦方不准拉廣告和贊助廠商，如果藝人是一線等級，當然可以不用拉廣告和贊助商，可能是反過來各種廠商捧錢想要擠進贊助，當然一線藝人可能早早簽訂了各種代言，也沒有空間給其他廠商來插花了。

　　以防彈少年團的例子來說，他們不接受任何贊助，甚至包括服裝和飾品，一律由他們自己選擇和決定，加上後來爆火的程度，當然演唱會的規則就是一律由防彈和他們所屬的經紀公司決定。

　　但是，他們在 2017 年之前也遭遇過許多主辦方不佳的待遇，甚至曾發生主辦方在演唱會前一周單方面直接公告終止演唱會活動的誇張事件。

熱情熱心熱血的應援

　　說起演唱會，粉絲在意的除了票的部分還有就是粉絲可以做的活動，又稱為「粉絲應援活動」。當時我買了兩張票，另外一張票是邀請了一個喜歡 BIGBANG 的朋友陪我去，原因是她家當時就住在新莊五股演唱會場地附近，我自己則是開車到演唱會現場，那天好險我提早過去，所以我的汽車還有地方可以停放，因為到現場真的讓我嚇一大跳，各種旗子手幅還有讓我一頭霧水的「排隊」隊伍。

　　這個排隊隊伍可以讓我一頭霧水是有原因的，排隊的隊伍不只一條而且有的直有的橫，我本來以為演唱會就是排隊入場，怎麼七早八早的現場這麼多排隊的。

　　更有趣的是，我隨便找了一個在排隊的粉絲詢問，想了解他們在排什麼隊伍，我以為只有我這個沒追過星的不懂不知道，沒想到我問了好幾個人，他們居然也講不清楚自己在排什麼隊，有的人說要等著拿小禮物，有的人說不知道先排到再說，我只好在現場到處走走看看，然後挑選一個人最少的隊伍排了一下，發現原

來可以拿到小卡，但是只是某個成員的，我又去排了另外一個已經在發放和移動的隊伍，又領到了另外一個成員的小卡，喔！我腦海中就閃過「原來她們這些隊伍是在發不同成員的小卡」。

但是後來漸漸才知道，不只是這樣而已，有的隊伍排到了她還會問我問題，那個問題我完全不知道在說啥，所以就沒有拿到小卡或小禮物，也有的要求要拿手機秀出什麼帳號或是追蹤，我當時才剛開始加入粉絲追星，所以追蹤的帳號也沒有幾個，加上我大多追的是英文的推特，沒有在使用和追蹤不熟悉的，所以就想說算了不要再排隊了，也別笑我這麼傻，當年我就一個沒經驗沒追過星的人啊，哪知道這些是什麼粉絲應援活動之類的，這體驗可是真真實實的姥姥逛花園呢！

當日在現場這樣走一走看到一條很長的隊伍，排隊的已經繞了會場外圍一圈了，一問之下原來是環球唱片的攤位，那是 BTS 演唱會在台灣場現場才有的「台壓版」專輯，我看到已經非常多人而且專輯只有現場銷售是有限量的，就趕快加入排隊，我不是愛排隊，就是抱著到演唱會現場什麼都要體驗的心情，而我這個傻傻的新粉絲，當時完全不懂這個台壓版專輯有什麼珍貴之處，如今它可是 BTS 出道 10 年至今唯一收錄中文主打歌曲「男子漢中

文版」的特別專輯版本，更沒想到的是買這個專輯的過程也有很特別的經驗。

原來買專輯就可以現場抽「成員的簽名小卡」，我當時根本不知道這對粉絲來說是什麼天大的福利，對小卡是什麼也沒有概念，當然我知道簽名是珍貴的，對於七個成員我也是一樣喜歡，就很開心的覺得有誰的簽名小卡都好。

去演唱會前，我有在網路上找演唱會場地和交通資料，網路上認識了一個熱心提供交通資訊的阿米，她跟我約在現場見面，然後就看到她非常忙碌的在現場到處跑，除了我還有很多粉絲朋友與她相約，但是我也不知道她在忙什麼，後來我才知道原來她是一個粉絲專頁的管理者，等到我自己也經營粉絲專頁，就換我每次在演唱會現場跑來跑去忙死了，現在想想相較起來當初的我，在那邊悠閒的買了一杯咖啡，誰也不認識的到處閒晃，還真是很愜意呢。

那時她有跟我說她喜歡的防彈成員是哪一個，我看到在買完台壓版專輯時，他們抽完簽名小卡就會留在現場等其他人換卡。我沒有什麼特別喜歡的成員，我喜歡的是整個團體，現場許多阿米

聚集喊著換小卡，甚至盯著每一個抽完小卡的人手上的小卡，只要一抽到他們想要的成員小卡就蜂擁而上詢問是否要換卡。

一開始我看著還覺得有趣，但是因為這樣聚集的人數越來越多，讓專輯銷售和抽小卡的動線都堵住了，而且也有些混亂，觀察到唱片公司的人員因為人手不夠也很無奈，基於自己長期做活動的性格和習慣，我觀察了一下地形和空間，然後我主動站出來告訴他們我來幫忙大家換小卡的事情，首先請想要換小卡的人站在一旁比較寬闊的區域，讓他們留出中間的走道位置。

然後我說我會在每一個人抽完小卡之後先詢問「有抽中自己喜歡的嗎？」，如果對方說「有」我就請他直接從中間走道離開，請現場想要換小卡的朋友們讓他們可以不要有壓力的快速離去。

如果對方說「沒有抽中自己喜歡的」，我就會立刻問說「你想換哪個成員」，回答之後我就會幫他喊「A 成員小卡換 B 成員」，然後直接請他到旁邊，許多等待換卡的粉絲就會去協商交換，這樣的好處是如果喊的不是自己想要交換的成員，也不用擠上去湊熱鬧，聽到是自己想要交換的成員再過去試試即可，這樣成交機率高又快速，現場的秋序就會比較好。

　　我當天穿著豹紋大衣加上 13 公分高的高跟靴子，這身裝扮完全不是一般粉絲追星會穿的，我到現場之後也覺得自己穿得很突兀，因為我之前去參加的演唱會或是頒獎典禮等等，都是打扮這樣美美的去，也好險我那天穿得這樣特別，靴子高度加上原本的身高讓我有 178 公分高，所以我在現場協助這些年輕妹妹們換卡的時候，視野好很容易看到大家的需求或是狀況，她們可能也一直以為我是環球唱片的什麼主管之類的，都很聽話和配合。

　　後來有一個小插曲，就是當專輯都銷售完畢，有些還沒有換到小卡的粉絲就在現場喊「某成員小卡求換」，那時候看到有媒體的採訪記者走過來，我趕緊跟那些粉絲說：「你們不要這樣喊，媒體採訪收音進去，那些成員聽到會傷心的。」那些粉絲聽到成員會傷心馬上就不喊了。

　　接著有韓方的人員跟媒體一起走出來站在外面接受採訪，之後那個媒體也以為我是環球唱片的人，特別跟我說好險剛才我有跟粉絲們溝通請他們停止，不然韓方人員真的有在問那些人在喊什麼，聽到是在喊要換成員的小卡，他們表情好像有點生氣。

　　在演唱會快要開始大家都入場的時候，我因為還在等我的朋友來，所以一個人在外面等，那時候環球唱片的工作人員正在收拾，

走過來問我怎麼還站在外面不進場，然後跟我謝謝剛才幫他們的事情，我覺得這些都不是什麼大事，就是看到活動有狀況，習慣的幫忙而已。

但是我並不知道我這熱心和雞婆的個性，在之後追星的路上會因為不了解粉絲追星的文化而嚐到一些苦頭。

既然敘述了這場我成為粉絲追星族的第一場演唱會的各種入場前經歷和狀況，演唱會場內的表演舞台，粉絲應援和粉絲文化的各種面向當然也不能錯過。

理想與現實——粉絲專頁的誕生

關於阿米這個身分可以為防彈少年團做些什麼？ 我對於這個苦惱了一陣子，很多年輕的粉絲來說可能會無法理解，為什麼要苦惱粉絲能為偶像做什麼？ 正常就是買專輯買周邊，或是參與所謂的粉絲活動，高喊我愛你之類的，何需思考什麼啊？

　　我卻是從身為一個粉絲的意義這個方向來思考，那就很像你是路人也可以喜歡買專輯就買，喜歡哪個藝人就喜歡，但是如果不是有什麼粉絲獨有的特質部分，那麼粉絲跟路人有何區別？

　　後來想到所有的偶像藝人明星都是需要粉絲的支持，當時 BTS 那麼沒有資源，我在台灣是否就應該從拓展台灣的粉絲做起？雖然我從來沒有追過星，但是市場行銷的概念對我來說卻沒問題。

　　懷著理想就著手開始準備開 FaceBook 的粉絲專頁。

　　找了一群阿米朋友，其實當時我也只有在 2015 年 3 月 8 日 BTS 在台灣的第一場演唱會上認識 2 位阿米，再經由他們介紹其他的阿米朋友，我很認真的找他們來開了「籌備會議」，真的不誇張，我完全就是比照一個正常的品牌粉絲專頁要啟動之前該有的模式在走。

　　但是其實後來我自己再回頭看看，覺得自己很好笑，可能很多妹妹們聽到開一個粉絲專頁要開 3 次會議覺得很奇特。

　　我們開會商議粉絲專頁的名稱訂定、專頁的定位、風格、規則……

　　「FTBN 防彈爆報」的意思，FunTime Bomb News，前兩字

取諧音「防彈」，同時意義是有趣的時光。

　　開專初期我們是要錄製教學影片，又可以教大家怎麼追星，又可以教大家基本韓文，想採用跟 BTS 當時一樣玩遊戲錄影，事前做了很多功課，想辦法租借場地，還有攝影器材，工作分配等等。

　　然而現實是，拍攝過程和剪接都有一些困難，畢竟當時大家都只是憑一股熱忱，卻沒有真的專業和工作時間，加上當時我們都有露臉入鏡拍攝，團隊裡有些人覺得這樣好像是我們想要紅，所以影片製作了幾集之後就作罷了。

　　當時的我只覺得很莫名，我都快 40 歲了，又不是 20 歲，我要紅幹嘛？只覺得她們為什麼要往這麼奇怪的地方去思考。

　　經過擁有了多年的粉絲身分，我完全可以理解，其實不管幾歲，無論原本立意為何，在大多數粉絲的心裡他們只看得到眼前的狀態：你們在模仿誰？你們為什麼要這樣？有 70% 以上的粉絲比例會認為「他們在蹭我們偶像的熱度」。

　　至於蹭熱度也有分哪一種蹭，無論哪種都一定有人喜歡有人不愛。

　　所以即使只是一個非常善意的開端，非常認真又嚴謹的前置作

業和規劃，在粉絲的世界裡對這些沒有太多人在乎，比較多人在乎的是這樣的東西給他們「什麼感覺」，沒錯，有時候跟粉絲對話和互動，感覺不對了，他們不開心，即使沒有什麼對錯問題，還是可能掀起軒然大波。

在 FTBN 粉絲專頁決定不做影音之後，就以資訊提供為主，為了可以讓更多人可以了解 BTS 的歌曲和 MV，我也開啟了 BTS 的概念照、MV、歌詞解析之路，我自己是很欣賞防彈少年團的歌詞意境和他們想要表達的概念，但是發現因為是韓文的歌詞，加上粉絲平均年紀小，防彈少年團當時也才平均 20 歲，所以我就認真的去網路上找英文翻譯，再比對他們的概念照和 MV 等等，一點一點的寫著解析，希望能讓更多人看到他們的優秀之處。

還記得那時候寫了「花樣年華 概念照」的解析，講述一個法國的電影「蝴蝶 Butterfly」，還有當時 MV 裡面隱藏的各種細節，讓很多人注意到了這麼用心的歌曲以及經紀公司的規劃。

粉絲專頁也由我一個人在經營，所以我就半夜三更的在那邊寫和發文，這個時期我也搭配一些抽獎活動，還記得我當時主打就是「抽獎一定要有很優的禮物」，我個人常常多買一兩項官方周邊，然後拿來辦抽獎活動。

　　說實在的，我也沒有去看過別的粉絲在經營粉絲專頁的時候是怎麼做的，我完全就是照自己原本做行宣活動公關的方式在做，後來才知道粉絲都沒有什麼錢，很少有人拿價值好幾百幾千的官方周邊甚至可能買不到的周邊在辦活動抽獎的。

　　專頁粉絲的增加速度很快，一萬讚、二萬讚、三萬讚……，說真的自己也有一點嚇到，但是我很開心可以推廣 BTS 的理念和精神給更多人知道，只是我不知道的是，更多的飯圈文化和震撼教育還在後面等著我。

可以和不可以的標準

　　粉絲專頁開啟運轉後半年多其實都還算順利，第一個發生比較大的事件是跟站姐的照片有關。

　　「站姐」就是在韓國的粉絲裡的一個特有文化和身分，所謂的「站」就是指網站，某些比較有資源和能力的粉絲，喜歡某個明

星藝人而為這個藝人架設了一個專屬「應援網站」，而這個網站就被其他的粉絲們稱為「站子」，創立或管理者就被稱為站姐。

　　一般小公司要為自己的品牌做個網站都要耗費很多的金錢和能力，要設計和規劃，要把一個站子架起來並且還要不斷的更新內容，這是一個需要投注很多時間、金錢和精神的事，所以很多粉絲對站姐都是尊重的。

　　還有一個也很正常的站姐現象，就是因為 90% 站姐會扛著專業相機去拍攝自己追的藝人，畢竟要有藝人照片大家才愛看，如果只是官方的圖，站子就沒有特色了，而站姐自己也想要拍攝自己心中最愛的藝人的每一個帥美時刻，於是站姐追星的同時也變成了一種拍攝偶像神圖的時刻，無論在相機鏡頭和記憶卡等器材設備上，或是在拍攝的技術、修圖速度，站姐出圖都一個比一個厲害，漸漸的有些站子因此就被粉絲們封為「神站」。

　　當時引起的騷動就是關於站姐的圖，那時候有一些粉絲，特別喜歡針對站姐的圖來攻擊一些粉絲專頁，主要是抓那些專頁在發站姐圖的時候有沒有標註出處，或是要標註站姐的網站名字。

　　其實這本來是好的，但是有些人感覺太過嚴苛刁鑽，並且用一些攻擊性的方式留言，反而會變成故意找碴的型態。

　　例如圖片上的站姐 LOGO 是在的，有些專頁就會標註出處「請看 LOGO」，就會被留言攻擊說不幫站姐宣傳站子的名字，不尊重站姐。

　　因為我很希望看到粉絲們大家追星是和平快樂的，而且那時候 BTS 也不是很紅，幾個大的粉絲專頁在運作也是很辛苦，所以在 FTBN 就發了一篇文，說明在圖上加上 LOGO 的意義和來源。

　　以前在報章雜誌都只能印刷的時代，真的是一張一張洗出來的照片，報章雜誌使用照片印刷之後就要在照片下方或是旁邊註明照片是由何處取得，或是由何人提供，其實過去那個年代也不是為了著作權，而是當時對於媒體是有一定的「真實度」要求的，記者必須取得真實的物件才能被刊登和寫成報導，所以要標註這些資訊是從何處取得。

　　之後，因為媒體和數位時代的演變，也開始強調著作權的部分，照片的提供就會在圖檔上使用自己的簽名或者代表自己的 LOGO，當然正式的媒體還是要標註取得和提供的管道。

　　當時我認識的站姐並沒有要求我要特別標註她的站子名，只要圖上的 LOGO 沒有故意塗掉遮蓋，大家看到 LOGO 一樣會知道這是哪個站姐的圖。

　　沒想到此篇文章卻成為被攻擊的目標，有些粉絲說我破壞了他們多年來辛苦宣導使用站姐的圖要標註出處的成果，還有的要求我刪文道歉。

　　這是我印象很深刻的開始，當時覺得是有點不能理解，明明只是講述一個可以被普羅大眾所了解的狀態，加上我是因為想說大家都是防彈少年團的粉絲，希望粉絲們互相之間能友善平和一些才會發文說明那個認知。

　　在當時心裡有很多問號，為什麼會認為不可以？而且有些粉絲的態度很強硬之外，他們也用了比較激烈的方式，不由分說的找很多不知道哪兒冒出來的帳號湧入，當時我還一一去看那些帳號都是什麼人，因為我的粉絲專頁是只有防彈少年團的，但是湧入的帳號很多都不是這個團體的粉絲，揪了很多人到粉絲專頁開罵和要求道歉。

　　我記得非常清楚的是當時有個粉絲跟我留言說，妳說的這一套遊戲規則在飯圈文化裡行不通。

　　心裡對於這句話是很懵的，「飯圈文化」是什麼？誰知道？有規則嗎？在哪哩？

當然因為我就是一個人開始追星之路，所以滿心的疑惑也無處可問無人回答。

之後也發現一個很有意思的現象，原來有些事情在粉絲的世界裡面是沒有所謂的標準或是正常，你可能還在說明事情的原委，卻因為網路社交平台的熱絡和傳播的便利，在粉絲圈子裡面可能已經到處砲聲四起，而那些內容也未必是正確的，有可能是某些人再加上自己的認知，然後截圖轉發。

這個事件有沒有正式的落幕？嚴格說起來應該是我在粉絲專頁發了「刪文和封鎖的規則」，然後做了一些嚴格的管理，才算有些平息。

會發這個規則是因為我認為一個粉絲專頁應該要這樣管理，不然每天要花很多時間跟一些用各種方式來吵吵鬧鬧的人周旋。

那些來吵鬧的人 90% 也沒有真的在意你在表達或想溝通的是什麼，許多都只是因為不喜歡你這個人，例如你的做事方式或是說話風格不符合他們所想所期待的，或是有些粉絲覺得自己追星多年，應該很有資格指導一個專頁該如何說話做事，所以要求刪文和道歉。

我相信有很多粉絲專頁都很怕遇到這樣的狀況，可能會選擇刪文道歉，因為大多數粉絲專頁的管理人都是要上班上學並兼著做追星族，如果因為粉絲專頁上有人一直來留言而不能正常上課或工作，真的也是不行的。但是我有我自己的標準，在管理上我也有堅持的方向，所以當時我是花費了非常多的時間在研究這些粉絲的行為，也不肯輕易隨意地跟著他們的腳步去改變我的風格。

後來在我的粉絲專頁上，因為我強力的封鎖，並且我也不被拖住繼續往前走我自己的路，漸漸的他們才不再出現，只是每隔一陣子就聽說可能某些人又在外面其他的平台上罵，而且還加油添醋的罵得更兇，我想大概是因為在此之前他們好像沒有遇到這麼硬的粉絲專頁管理人。

不過經過許多事件之後，我也在學習並且因此慢慢了解，所謂的飯圈文化其實是存在各自的心裡，在不違法和不影響不傷害藝人的狀態下，由影響力的大小來決定飯圈的文化走向哪裡。

例如謾罵的多，那個就會被認為不可以，如果有人站出來說話了，認同的以及覺得合理的人比較多一些了，那可能就被認為是可以的。

　　如果能得到藝人或是官方的正名或認可，那當然大多數的粉絲就會遵守和同意。

　　例如當年防彈少年團的成員很喜歡開玩笑說 SUGA 閔玧其是老爺爺，SUGA 就跟成員說「我不是老爺爺」，但是粉絲群裡有些阿米很喜歡稱 SUGA 為「閔爺」，我就是其中之一。

　　我有時候叫他閔糖，有時候叫閔爺，覺得叫「閔爺」非常霸氣，結果有粉絲就來罵了，指責不可以叫他閔爺，他說了他不喜歡，你為什麼還要叫他爺爺？

　　可是中文的「爺」在這裡是用來尊稱，或是覺得很有男子氣概，不是用來取笑年紀的啊！

　　那時候覺得這吵吵鬧鬧到底有什麼意義？也會覺得這中文哪裡需要解釋？

　　想也知道在我們的中文裡面所稱的「爺們」，怎麼可能是叫人「老爺爺」的意思？

　　但是那些認為不可以的粉絲可不管這些，你解說你的，他們吵罵他們的。

在粉絲們吵鬧不休的那段時間裡，正好接著在首爾有防彈少年團的專輯簽售會，於是我將這個問題寫在字條上，在簽售會時跟SUGA詢問是否知道中文「閔爺」的意思？以及是否可以這樣稱呼他？

SUGA非常肯定的回答他知道「閔爺」的真正意思，而且他也很喜歡，並且寫在字條上回答「可以，很喜歡」，從此我才可以大大方方的叫他「閔爺」。

而且經過這麼多年，還是有一些新加入的粉絲不知道，可能看了過去在網路上的一些言論，依然會在粉絲專頁上糾正和阻止我使用「閔爺」這個稱呼。

同樣的事件在防彈少年團的成員田柾國關於「兔子」暱稱也一樣發生過，是直到成員也用兔子形容他，柾國自己戴兔子的頭飾，粉絲才漸漸沒有人對這個暱稱有意見了。

上述的這些現象並不侷限在BTS防彈少年團的粉絲群，在許多不同的追星團體裡也是非常普遍發生的。

並不是粉絲或是追星族都不理性，而是他們有他們的一套文化和思想以及行為模式，如果對這些多做了解，漸漸的就可以避免「踩雷」的狀況發生。

　　一般大眾因為不了解，加上會出現在一般大眾面前的訊息可能是經過媒體聳動的報導，所以對追星和粉絲就會有偏頗的想法，認為追星都是不理性的。

全能站姐

　　在述及可以和不可以的標準和特殊的粉絲文化上，因為必須舉例，所以找一些比較能明確指出爭議性的事件。

　　事實上雖然有很多的模糊地帶，然而大多數長年追星的粉絲，大概都能夠做出一些判斷，我個人也是追星 10 年，然後各種奇奇怪怪的狀況都經歷過，被罵無數次之後，透過觀察和學習去了解，才能寫下這些分析。

　　在粉絲世界裡面有很多需要先分清楚關係和身分，才能進一步去了解為什麼同一件事情或行為，有些人可以被接受，有些卻會被罵翻。

　　如果單純只是用表象去看，粉絲族群本身在市場調查上的客層區分就是非常困難的，無論從性別、年齡、職業、膚色……等等，都無法明確知道誰是粉絲，誰不是粉絲，所以最基本的是要了解粉絲的生態和身分區分成哪些？

　　從各種粉絲的身分裡面，首先最需要清楚的是前面敘述 LOGO 事件裡提到的站姐。雖然已經講述過站姐和站子的意思，然而與站姐這個身分常常相伴而出現的爭議點，一個是關於站姐拍攝的照片問題，是否可以使用？為什麼可以使用？

　　還有一個常引起粉絲圈子裡紛擾的就是另外「代拍」和「私生」這兩種身分的人。

　　關於站姐拍攝照片的問題，經常起因於演唱會的現場大多明文規定「禁止攝影」，而且也有嚴格的搜身，可是那些被粉絲們稱為出很多神圖的站子和站姐，他們會想盡辦法將專業的攝影器材帶進去演唱會裡面，不然怎麼可能拍出那麼清晰又高畫質的神級高清偶像圖。

　　爭議點就非常明確了，許多粉絲很愛那些能夠抓住偶像在舞台上表演瞬間那超帥超美的身影，但是某一些粉絲又糾結，畢竟攝

帶專業攝影器材進入演唱會，還拍攝表演舞台，那是違反演唱會規定的行為，所以站姐出的神圖不是等於公然告訴大家他是違反演唱會規定的那個人，然而即使大家都知道這事實，卻忍不住稱讚站姊拍得實在太好了，甚至會追隨購買站姐拍攝的照片所製作的應援周邊，這就是粉絲內心會掙扎的矛盾之處。

在此分享一些這些年演唱會現場魚池裡的所見 (魚池是指舞台前的搖滾區)。

演唱會時，站姐為了拍攝到好的照片，大多都會花重金購買到舞台前面位置的票，所以有很多次看到站姐在拿專業攝影器材拍攝，也看到演唱會的工作人員們在現場會抓他們。

工作人員抓站姐，有些粉絲會選擇掩護幫助站姐，也有部分粉絲是向工作人員告發和大喊幫忙抓人的。

在歐美國家的演唱會現場還發生過粉絲們因為拍攝問題發生肢體衝突，有些人認為這是韓國的粉絲文化，是歐美國家的粉絲不了解，但是也有些人認為規定不可以帶專業攝影器材入場拍攝，無論什麼文化都是不可以的。

　　不過也要說一下有幾次比較嚴重的事件是在肢體衝突上，不管是否違規還是交給主辦單位處理，粉絲之間動手打人以及搶奪私人物品也是不可以的。

　　在此僅單純就粉絲文化方面的敘述而不做任何評斷，因為這真的也很難評斷，偶像藝人也是因為這些站姐的照片而吸引到非常多粉絲，也算是一種很有效的宣傳，至於執行演唱會的秩序就只能交給主辦方去負責了。

　　好幾次看到站姐死命護住自己的攝影器材或是記憶卡，有的拼命掙扎，也有賴在地上哭；有時候看幾個高大的保全對上站姐，又拖又拉又喊又叫的，那場面有時候真的非常慘烈。

　　但是這一切的官兵抓小偷的劇碼，似乎只會出現在演唱會的當下，只要站姐能夠將記憶卡安全的從演唱會現場帶離，這些照片似乎也跟著安全了。

　　為什麼會這樣說呢？

　　因為那些站姐之後都會公開照片，還會押上自己所屬站子的LOGO，並且在推特或是各個網路社交平台上發放，也會標註藝人或是經紀公司，許多藝人們也常常在直播或是採訪時會提到，

表示知道站姐的事情，偶像團體的成員們似乎也很清楚誰是某位成員的站姐，誰是自己的站姐，偶爾會從站姐的高清圖裡可以很清楚的看到，在舞台上表演時有些藝人能夠很精準的看著自己站姐的鏡頭，甚至某些藝人會分享或是點讚站姊拍攝的照片。

藉此再更進一步的解析站姐和藝人與經紀公司之間的微妙關係。

可以發現其實韓國的長期追星文化裡，站姐是有一定的重要位置的，只要站姐不是私生，沒有干擾到藝人，站姐和藝人的關係其實是互依互存的。

站姐當然也知道演唱會有公告不可以拍攝，如果被抓到是會被沒收和刪除，但是，韓國的站姐文化產生並非一日兩日，而是數十年的累積。

站姐不只會出現在演唱會現場，最常看到他們的還有在藝人的各種活動行程中，例如電視台節目的「上班路」以及「機場」。

大家可以想像一下，無論白天夜晚，天氣是熱死人或是凍死人，無論是大雨還是大雪，一年365日裡只要當藝人出發要去工作時，都會有固定幾個身影，扛著重死的攝影器材，一邊拍照一邊揮著

手喊著藝人的名字，還有各種「撒郎嘿」、「Fighting」、「可愛」……怎麼可能經紀公司和藝人會不認得他們的樣貌？

而且站子拍的照片都公開上傳在網路上，還標註出處和押上自己的 LOGO，經紀公司真要動手處理，是不可能找不到人或是無法處理的。

經過了解，在韓國其實沒有一間經紀公司會不知道有那些站姐在追他們藝人，或是換個角度說，旗下藝人如果沒有屬於自己的站姐的話，應該也是太悽慘了。

若是以防彈少年團這樣一個當年沒有雄厚背景和資源的小團體來看，他們的崛起跟站姐文化就屬於深層和更有效益的部分。

在他們剛出道的那幾年，除了他們自己拚命的努力之外，也是因為喜愛他們的粉絲們大量和努力的翻譯，並且宣傳他們的 MV 和各種視頻，才讓他們的歌和理念可以傳到全世界；而成員們的上班路，各個舞台表演，也是因為七個成員們各自有一些無論多苦多難多遠都追隨的站姐們，在網路上那些高清又帥又美的照片，透過網路社交平台的傳遞，跨越了種族、語言、宗教、國籍等等的障礙，收服了全世界遍佈各地各國千千萬萬阿米的心！

　　所以經紀公司和藝人其實也都知道，防彈的成員們也曾公開說過很感謝阿米們這些年對他們的支持和協助，給他們拍攝非常帥氣的照片，以及快速的翻譯他們的影片，才能有現在的 BTS。

　　這裡簡單說一下在影音圖像上的權益伸張，圖像部分是分成藝人擁有肖像權，拍攝者擁有圖像的著作權，影片部分則是製作翻譯和轉發則是屬於著作權裡的「重製」，無論圖像或是影音，都是屬於擁有者必須「主動提告」才會成立，就是說如果經紀公司或是藝人不自己去蒐證和提告，其他人是無法代為伸張的，這個部分法律一定有詳細規定，而且各個國家也有些微不同，所以這裡我只是簡單概述讓讀者們大概了解一下而已，如果要更正確詳盡可能就要翻法律的書籍了。

　　經紀公司一般都不會選擇在自己藝人和偶像團體們紅了、成功了之後，反過來提告這些站姐們的照片和影片，如果這樣做了，一定會有粉絲認為這樣是忘恩負義的做法，除了可能傷了廣大粉絲的心，也等於斷了自己旗下的其他藝人和團體的未來免費宣傳的管道，畢竟站姐之所以被稱為站姐，大多都已經有一定的基本粉絲支持群，而且也不一定只會追一個團體，很多都愛烏及屋，師弟師妹團也一路追下去。

　以上這些論點只是個人的觀察，以及描述到目前為止的實際狀態，至於未來經紀公司和站姐文化之間的關係，是否會有所不同和改變就不得而知了。

　站姐除了拍照之外，主要還有在做一些「應援活動」，例如藝人的生日應援，團體的出道周年紀念應援活動，或是演唱會的現場可能會有一些應援車，旗幟或是燈箱，專輯發行回歸的應援……等等，從各種應援活動發展出需要資金方面的「集資」。

　例如生日應援就需要集資買送給藝人的生日禮物，或是做公車車體應援廣告，大型看板的應援宣傳，這些應援的金額依照大小從幾萬元到幾百萬元都有，當然可能也有上千萬的。

　防彈少年團的粉絲應援就曾經做到包下整個紐約時代廣場的所有電子看板，當時整個紐約時代廣場的各個電子廣告看板鋪天蓋地的全部都是 BTS 防彈少年團的影音照片，超級壯觀之外也絕對是超級燒錢，那個金額我們就只能意會不便言傳。

　從應援集資衍生出的是周邊產品，一開始這個周邊的產生是因為要讓粉絲加入應援集資，通常都會準備「集資回饋禮物」，讓參加集資的粉絲不會空手而回，集資禮物大多都是由站姐運用自己拍攝的藝人照片來製作，才不會有圖像版權問題，而站姐也會

將自己為藝人準備的應援集資禮物寄給藝人，讓藝人知道自己有為他做了這些應援活動。

一開始大多都是照片小卡和寫真書等等，只是做多了就怕粉絲和藝人覺得膩，於是站姐們挖空心思去求新求變，吊飾、立牌、桌燈、娃娃、衣服⋯⋯五花八門，後來有些站姐的應援禮物也變成粉絲們收藏的追星周邊，一般稱為「飯製周邊」。

站姐所做的飯製周邊也會有些人認為這樣是否就是拿藝人的照片做銷售的商業行為，這部分在粉絲文化裡有一些模糊地帶的爭議，大多從圖片的取得方式來看。

的確有些人本身並不是真正的粉絲，而是看到這樣的市場商機，偽裝成粉絲身分開設一個社群帳號，然後實際上是找「代拍」購買藝人的演唱會或是其他活動的現場照片，再偽稱是自己去拍攝的，做成周邊來販賣，所謂代拍就是「代替客戶到現場拍攝藝人」，代拍收費沒有一定，完全就看藝人名氣來收費。

撇除這些不是自己追星拍攝而是找代拍買圖做商品圖利的人不說，站姐一開始製作這些周邊商品目的實是籌資，是真的為了替自己所喜愛的藝人做應援活動，同時也是有提升自己的攝影器材和解決吃飯生活的需求。

　為什麼會有吃飯生活的需求？因為追星要拍出好照片，那些攝影專業器材都是數十萬起跳，為了要追藝人的行程，常常要跟著飛到世界各地，或是要在一個位置守候多時，例如藝人在電視台內拍攝採訪，站姐就會在現場等他們下班。

　簡單跟大家述說一個我自己在韓國追星時候的行程，大約在2016~2018 年期間，我有在韓國跑防彈少年團的簽售會，簽售會就是藝人發行專輯回歸舞台的一個與粉絲互動的活動，日程都是集中在藝人打歌的宣傳期。

　因為藝人宣傳期都會上電視台的音樂節目打歌和打榜，所以就會有所謂的電視台「上班路」，這個上班路也是非常重要的，所有在宣傳期的藝人受邀前往電視台錄節目，各家粉絲都會想要在上班路上拍到自己的偶像，如果遇到天團回歸就不得了，那個上班路就一點點，想要拍到照片就需要前一天先跑去電視台上班路擺好梯子排隊，為什麼用梯子排隊？那也是粉絲自己想出來的方式，為什麼要梯子？因為人多拍不到所以要爬梯子站高拍。

　沒錯，當時我也是前一天就搬著梯子去電視台的上班路排隊，因為我不是住在韓國的紛絲，光買梯子搬梯子就是一個大工程。

　　梯子放在現場怕有人插隊挪移，所以還要用個鎖鏈之類的把梯子給鎖在現場的圍欄網子上，或是鎖在前後一起排隊的梯子上，你就會看到現場一綑一綑的梯子，鎖好之後要拍照，拍清楚自己梯子的位置，前後左右都要拍清楚，如果真的被移動了還可以拿出照片來，大多的粉絲都是會願意依照你所提供的照片上的位置讓位出來的，但是首先你必須有完整清晰的照片證明那個梯子是你的，以及你原本擺放排隊的位置。

　　把梯子放好之後要再趕去官方指定的唱片行，因為簽售會有規定必須購買官方指定的唱片行的專輯，才能參加抽簽售會的活動，官方指定的唱片行不一定是很大間的，簽售會大多辦在星期五到星期日，大概在當周的星期三或星期四會公告要去哪裡的唱片行購買專輯，這樣的簽售會我們粉絲稱為「地方場」，專輯購買數量會決定你抽到簽售會的機率，所以我當時專輯從一百張起跳，數字我以自己的經驗值提供參考。

　　在 2016 年防彈少年團的簽售會我是八十幾張專輯抽到的，到後來 2017 年要五百張以上，2018 年我得到粉絲朋友告知我的消息，她八百張專輯但是沒抽到，於是我把手上購買專輯的額度讓

給了想去簽售會的另一個粉絲朋友，讓她湊到一千張專輯抽簽售會，這個數字也驗證了防彈少年團的崛起。

話說我在地方場簽售會規定的唱片行買完專輯之後，到晚上要再跑回電視台的上班路那邊去等候，一整晚蹲在電視台外守著自己的梯子（就是俗稱的夜排），有些站姐已經追星很多年，所以老面孔見多了大家就熟了，她們有的會有一群同樣追星的朋友可以互相照應，就不一定需要每場都自己在現場守著自己的梯子，但是因為我是海外一個人飛到首爾去追星的粉絲，只好自己守著自己的梯子。

等到早上，電視台會先開放我們進入可以拍照的區域，你會看到一堆人搬著梯子往前跑，而且很多都是嬌小的女生，那個畫面想想有點可愛又好笑。

為什麼要搬著梯子往前跑？因為可以拍攝到好畫面的位置只是一個區域，電視台並沒有畫好格子給你號碼，只有規劃出前面的位置是給媒體的，我們粉絲自己想要在什麼位置拍照自己找地方站，我第一次沒去過電視台的上班路，也不知道裡面長什麼樣子，就搬著梯子跟著大家跑就對了，因為藝人會在下車之後安排走到

媒體前面給媒體拍照，所以媒體後方或是旁邊一點點的就是粉絲們爭搶的最佳位置。

接下來就是等，好像等頒獎典禮紅毯一樣，粉絲們也不知道藝人會幾點抵達，每一次有保母車開到大家就一陣譁然，然後我就趕快把相機扛起來等，直到等自己的藝人到場並且拍攝到自己的藝人之後，粉絲才陸續離開，也有人會一直待在現場等接自己的偶像下班，但是站姐大多都是晚上還有簽售會的，不太會留在現場等下班，我那時候就是晚上有簽售會，所以要趕去準備下午簽售會的場次。

去簽售會之前要先回飯店，必須準備好各種簽售會的事情，例如給相機換電池換記憶卡，還有要準備好去簽售會給防彈少年團的簽名專輯，答應幫粉絲代送給防彈成員們的禮物，專輯加上禮物加上自己的攝影設備等等，往往我都是大箱小箱的拖去簽售會，簽售會時間一般是晚上七點左右開始，一個半小時左右結束，等到簽售會結束已經晚上九點多了。

這樣只是一天而已，站姐往往是連續三天的音樂節目和三天的簽售會通通都抽都參加，所以馬上就要接著去下一場活動的地方

排隊，就是這樣從早到晚的輪迴一直跑。然後在各種行程活動一結束馬上就是找地方給相機充電，記憶卡立刻檢查並且上傳雲端備份和轉檔，在這樣的狀態下幾乎不能休息，更不可能正常的工作。

當年也因為這樣的追星行程，我在韓國扔掉好幾個梯子和帳篷，帳篷當時是因為冬天下雪和夜排而買的，畢竟追星之餘還是要顧到自己的命，韓國的冬天可是零下幾度的，有時候不小心就被雪給埋了。

至於為什麼要扔掉？原因很多種，有的時候是行程太趕了沒時間搬回飯店；有的是梯子上不了計程車或是地鐵；還有的是因為真的實在太累搬不動了，因為除了梯子帳篷之外，還要揹著跟命一樣重要的攝影器材，有時候是凍得要死的冬天，有時候是熱到發瘋的夏天，總不可能扔攝影器材，所以真的累到不行的時候就把其他可以扔的扔掉。

各種原因現在回想都蠻有趣的，但是也能體會站姐的追星生活，有些人說羨慕可以看到偶像藝人的本尊，實際嘗試可能真的不是一般人可以撐得下去的。

代拍的交易

聊完站姐之後來聊聊代拍吧，很多粉絲說都是拿著相機的，無法分辨誰是代拍誰是站姐。

依照我個人在跑現場的經驗，在演唱會或是頒獎舞台現場有一個區域是可以拿相機拍攝藝人的，在紅毯或是上班路也是，如果看到拿專業相機站起來拍一拍就坐下來，或是立刻蹲下滑手機翻拍剛才相機拍攝到的畫面的人，這樣的人百分之九十會是代拍！

還有分不清楚台上的藝人是誰，或是拍完之後才詢問這是哪組團體，以及不管三七二十一只要看到藝人就劈哩啪啦狂拍的，這樣類型的人也非常高機率是代拍，少部分可能是一般的粉絲，因為有些粉絲可能身材矮小看不清楚所以先拍下來再說，有些是距離遠眼睛視力不好，所以用相機代替眼睛，也有少數是新粉絲或是多團飯（同時喜歡很多藝人團體的粉絲）。

單以站姐和代拍的區分來說，之所以被稱做站姐，就是上面所敘述的，站姐是因為非常喜歡某位藝人或是團體，所以站姐的眼

睛和鏡頭基本上一刻都不會放過演唱會舞台，站姐就怕錯過任何精彩的鏡頭，然後在機場或是上班路等等，有各種藝人混合的場所，站姐的眼裡只有自己的藝人，那個相機和鏡頭真的都不輕，在自己的藝人還沒有出現的時候，站姐頂多先隨意拍幾張調調光圈和相機的設定值，養精蓄銳的等待自己的藝人出現，除非有受其他藝人的粉絲委託才會幫忙拍幾張其他的藝人，不然就會發現站姐在等待的時候比較多，有藝人來站姐會立刻看是不是自己等的藝人，但是不會浪費自己的相機記憶體去亂拍。

而且在演唱會的時候，站姐的手機幾乎是不會拿出來的，除非非常必要聯繫朋友的狀況。站姐手上的相機要追著舞台上的藝人跑就夠忙了，況且相機那麼重，站姐才沒那個心思拿手機出來滑。

而如果換成是代拍，代拍就會拿手機出來，看到在演唱會或是一些重大典禮現場，拍一拍就蹲下或坐下用手機翻拍剛才相機拍到的畫面的人，大多就是代拍在談「交易」。

因為代拍會馬上看他們剛才拍到哪些藝人和成員，拍到畫面清晰或是漂亮，立刻用手機翻拍下來，傳到群裡或是去跟有意願購買的粉絲談交易。

　　這種市場也是很競爭的，如果拍到了「值錢」的藝人或是很棒的畫面，就要趕快通知粉絲買家，以免買家被其他的代拍給搶走，因為同一場同一個角度可能有其他代拍也拍到了。

　　所以如果面前出現的藝人當紅，那些照片最好賣，價錢也高，代拍就可能在現場為了拍攝而衝撞和推擠其他粉絲。

　　另外，站姐通常都要專注在單一位成員身上，例如防彈少年團有七位成員，每一首歌每個成員負責站位和表演時的走位都不同，站姐為了要能夠好好的應援和拍照，都會熟記自己主要拍攝的成員在各個舞台的表演位置。畢竟自己的精神和財力都有限，一般一個站姐要兼顧二位以上成員是非常困難的。

　　我看到的站姐大多都是等整場表演結束，走出了場外才會開始蹲在路邊或是找個咖啡廳開始整理和檢查剛才所拍到的照片。

　　而代拍則是能拍都拍，反正都是防彈少年團的成員，不管是誰就先亂槍打鳥的拍，拍一下就趕快檢查看有拍到哪些成員，並且趕快拿手機翻拍後聯繫上網跟買家談價錢。

　　上述的代拍是一部分現象，也有一些代拍是原本的媒體攝影記者，反正都要跑現場了，多拍拍一些照片是習慣，以備之後可能

會有需要，也有一些自媒體是把照片放幾張給相熟的粉絲作為一些資訊交換的方式，或是有些是其他團體的站姐，因為攝影器材和技術都有了，自己追的團體沒有活動的時候，就去跑其他團體的活動當代拍，加減貼補一下，這部分就很難去細節區分。

其實代拍只要不是太誇張的在現場叫囂或是推擠粉絲，也不會讓粉絲覺得討厭，但是如果是「私生」這樣的身分，就是連官方都抵制的行為了。

不受歡迎的私生飯

什麼是私生飯（사생팬）？簡單說就是會侵擾藝人私人空間或是對藝人有騷擾行為的粉絲，當然也有很多粉絲根本不認同這樣的人可以被稱為粉絲。

一般人可能很難理解，粉絲會追明星藝人的行程很正常，站姐也是守候在電視台或是機場，也是等藝人出現，為什麼有些會被認為是站姐，有些被歸類是私生？

　　沒錯，也曾經有站姐被粉絲攻擊到關閉自己的站子，就是因為被粉絲認為這個站姐是私生，也曾經有粉絲認為是站姐的卻被經紀公司公布在私生名單裡面。

　　這個部分來說，最大的界線應該是「尊重」和「騷擾」之分，例如跟蹤到藝人的家裡或是停車場；一直打藝人的電話；跑去藝人住的飯店偷拍藝人；在飛機上故意去藝人所坐的位置旁走動或拍照；還有更嚴重的不只是去拍照，有的會故意改動藝人的航班或是機位，也有的會偷竊藝人的物品，或是不管藝人在睡覺還是吃飯還是走路，黏在旁邊拿著相機對著藝人的臉一直狂拍，也有包車跟蹤藝人的車，或是不顧自己和藝人的危險在馬路上演追車的，誇張的甚至對藝人下毒，發送恐怖訊息，也見過私生飯的影片上出現故意往藝人表演的舞台上丟玻璃碎片的⋯⋯

　　防彈少年團的成員就發生過在飯店開直播與粉絲聊天互動時，他的飯店電話就一直有不明電話打進去，後來是公司的工作人員將電話拿走，可能公司也會立刻通知飯店協助更換房間，以避免被私生飯再度打擾。

　　後來還有私生飯查到防彈少年團的私人住家地址後訂餐點送去，讓成員不勝其擾後在官方平台上發文要求停止這樣的行為，並且表示會交給公司走法律流程。

經紀公司是粉絲所謂的官方，官方通常都會很清楚的明訂哪些行為是禁止的，輕微的犯規可能就是被藝人的保全人員列入黑名單，但是如果勸阻不聽，幾次之後就會被提報為私生，追查網路的社交帳號和會員資格等資料。

各種奇怪又脫序甚至危險的私生飯行為，對藝人的身心影響很大，真的喜愛藝人的粉絲會懂得尊重，和讓藝人感覺到溫暖與支持，不會讓藝人感覺恐懼和被騷擾。

不過有時候這些界定還是可能會有一點小失誤，我這裡有個真實案例。在當年防彈少年團還沒大紅的時候，我的一個阿米朋友就跟我分享說她在機場遇到了防彈少年團裡面的成員，我很開心的說太棒了，但是這個阿米朋友卻跟我說她覺得很傷心。

原來那時候她因為機位的問題而升等到商務艙，然後很開心的到機場商務 VIP 候機室，享受難得的 VIP 待遇，沒想到正好看到 BTS 防彈少年團的成員也在那個 VIP 室裡。

有些機場的 VIP 室有時候是好幾個航空公司共用的，她其實一點都不知道防彈少年團是哪個班機、會在哪個 VIP 室休息，所以當她進入 VIP 室看到防彈少年團在裡面的時候，她是很驚訝的。

當然她說一方面很開心但也很猶豫要不要打招呼，最後在她去拿取餐點的時候，正好防彈少年團的某一位年輕的成員也在她旁邊取餐，她想說人家就在自己旁邊，自己裝沒看到把眼神故意避開的話好像也不太對，於是她就鼓起勇氣用韓文向該位成員打招呼，她說她看到那個成員用很驚恐的眼神看了她一眼，然後像個受到驚嚇的小動物一樣，慌張且快速走回防彈少年團的其他哥哥們身邊，然後看到他好像在跟其他成員說「天啊！居然跟到這裡來了！」

這個阿米朋友說她自己當下也是很緊張、很錯愕，不知道自己說錯了還是做錯了什麼，後來想想才發現可能自己被認為是跟蹤他們的私生飯，但是她當下又不可能追上去解釋什麼，這冤枉感讓她很沮喪，加上無處可伸冤，所以她心裡憋屈死了。

我也一直安慰她，不一定是以為妳是私生啦！妳又沒有做什麼事，可能當時防彈少年團的成員們年紀還小，跟他們互動的粉絲也多數是學生族群，所以他一定沒有想到會有可以到 VIP 候機室等待登機的阿米。

其實對我們這些被稱阿姨級或是姨母級的粉絲來說，到航空公司的 VIP 貴賓室候機真的沒有什麼特別啦！而且我們有時候也要

看是哪個機場的哪家航空公司準備的 VIP 貴賓室，再決定要不要進去，因為有的貴賓室位置設置離登機門很遠，也有的貴賓室的小點心不好吃咖啡不好喝，或是有些時候是我們自己趕時間或是想買東西，就不想特地繞去 VIP 貴賓室。

　　經過這些年的時間，我想防彈少年團的成員們也早已經學會了偶遇粉絲時該如何面對和應對，無論是在餐廳裡還是在機場的貴賓室，或是在哪個地方的路邊遇到，他們也不會驚慌了，藝人偶像也是跟粉絲一起互相學習和成長的。

展覽應援

　　社會上很多人可能不知道，追星也是有許多藝術氣息的，其實藝人就是一種 ART 的表演者，只是流於大眾文化上對娛樂產業的偏見，讓藝人的藝術性被忽略，這裡跟大家分享追星應援裡面還有一種文化叫做「展覽應援」。

我在 2015 年為了演唱會而追星到韓國的時候，正好遇上了一次非常難得的展覽，就是防彈少年團的第一次官方主題展「Butterfly Dream : BTS Open Media Exhibition」。

這次的經驗很有趣，也讓我大開眼界，當時的我根本還對追星這件事情屬於懵懂的階段，也是對許多跟追星有關的事物都感到好奇，就是因為這個懵懂和好奇，讓我有機會看到這場被稱為「蝴蝶夢」的展覽。

我是只會英文不會韓文的人(很多人都誤以為我會韓文)，當時追星的各種消息，我幾乎都是看推特的英文資訊。在 2015 年 11 月 20 日看到公告說有一個展覽，但是從來不知道追星有什麼展覽這種事的我，完全沒有一點概念，但是它吸引了原本就蠻喜歡參觀一些展覽的我，只知道既然有展覽就去看看。

但是，當我真的想要去買票時，發現真是困難重重。遇到第一個問題是售票系統是韓文的，那售票系統我用翻譯軟體一一解析，才發現還需要有韓國的證件，它是實名認證才能登入的韓國當地售票。

那時候我追星都沒讓什麼人知道，並沒有認識什麼會韓文和一起追星的朋友，都是一個人飛去韓國或是日本，也因為一個人的

時間安排可以比較隨意，飛機時間提早一點或延後一天都可以，就想在演唱會前後可以去看看這個展覽。

於是我在腦袋裡翻想了很久，想到一個說到韓國留學的朋友，我把這樣的一個展覽資訊轉發給那位朋友，因為那個朋友在韓國留學也是有追星經驗，我就請她幫忙看看這個展覽需要怎麼買票。在 2018 年之前，因為防彈少年團還沒有大紅，演唱會或是一些活動都還沒有國際化，韓國專屬的一些系統對我這樣的外國粉絲來說，那些購票過程是非常困難和麻煩的，最後是在朋友的幫忙下順利買到了這場展覽的門票。

而我在抵達展覽的現場之前，對這是一個什麼樣的展覽真的一點概念都沒有，那時候除了知道展覽的時間和地址，展覽是什麼內容或是有什麼規定我都沒有更多資訊。

依照我的習慣都是提早一點到現場，會在附近逛逛看看，有沒有咖啡廳或是什麼特別的設置在展場的外面。那天我看到了前面幾個場次的粉絲在排隊，每個場次的排隊也沒有很長，進入展場才知道是在一個地下室的空間，場地沒有很大，但是布置和設計很不錯，有很多好看的照片做成一面牆，還有印成巨大海報，許

多沒有對外公布過的防彈少年團花樣年華系列的概念照。

我很喜歡的是展覽現場一個咖啡車攤位，我覺得這個攤位應該是官方設計的展覽之一，因為它用防彈的成員名字替飲料取名，例如點一杯「Rap Monster」(防彈少年團成員「金南俊」當時的藝名)，實際上你並不知道會拿到什麼口味的咖啡或是飲料，但是向服務人員說請給我一杯「Rap Monster」的當下，當粉絲的心情就是會很開心。

展覽的時間是 12 月，韓國首爾天氣很冷，在外面排隊吹風，進到展場之後點一杯自己偶像的熱咖啡，真的暖心又暖身。

有這次的展覽體驗之後，我覺得這樣的展覽很棒，展覽具有宣傳整體概念的功能，也可以將一些無法在宣傳管道或平台上展現的部分，在自己官方的展覽裡面作呈現，很多粉絲都愛上這樣的展覽活動。

不過粉絲要等官方展覽真的可遇不可求，有些官方不辦這類展覽，有的只侷限在少數國家或是地區，這時候粉絲會追的展覽就是前面有提過的「站姐展覽」。

　　站姐有拍攝的作品，有作品就可以做成展覽的基本要件，然後還可以結合各種周邊和官方的概念作布置，在比較有紀念性的日子可以做不同的空間布置，例如喜歡的偶像藝人生日或是專輯作品周年等。

　　在粉絲追星的過程裡，參與或是主辦一場展覽算是非常不容易的事，個人是認為就像在學校裡的活動成果展之類，這樣的活動參與無論是經驗上或是各種處理事情的過程，一定超過書本所能教育的範圍，這樣的經驗值對粉絲來說是很棒的回憶。

FansCafe 粉絲咖啡

　　有鑑於當時看到許多站姐到日本和其他國家辦展，卻都沒有到台灣來辦展覽，研究了一下發現是因為日本對於追星比較有規模，所以場地和許多相關的事項都比較容易處理。

　　正好我自己是做行銷活動的，辦個展覽對我來說是本行，於是我在 2017 年的時候將自己公司原本的 Show Room(展示區) 改裝成一個專門提供粉絲們租借作活動和辦展覽的場地，於是一個很具有特色，擺滿我的追星收藏品的 FansCafe「粉絲咖啡」就是這樣誕生的。

　　其實這個場地原本不是要做咖啡廳，而是當年參觀「蝴蝶夢」的展覽給我很大的影響，想用當年在韓國看到的那個官方展覽的風格，讓進來看展的粉絲可以點杯特別的咖啡或飲料，想像那種啜飲著飲料同時優雅看展的樣子，所以我將飲料也規劃成可以做應援的「彩色印圖拉花」飲料，為了想要這個彩色印圖拉花應援，在機器上投下了重本。

　　之後我邀請了我在韓國認識的兩個防彈少年團成員的知名站姐到台灣來辦展覽，還記得當時站姐很驚訝的問我台灣真的可以辦得起來嗎？防彈少年團在台灣的粉絲多嗎？畢竟要站姐把展覽需要用的那些物件郵寄到台灣是非常貴的一筆開銷，加上站姐還要安排親自飛來台灣，如果在台灣的粉絲不夠多，或者是宣傳不夠，展覽售票狀況不佳，那就是要賠大錢的事了。

　　還好那時候我的臉書粉絲專頁已經經營了兩年，在宣傳上還可以，所以非常成功的完成了那場展覽。在此之前，台灣這種辦展覽的追星文化還不興盛，幾乎沒有站姐親自飛來台灣辦展覽的案例，那次的展覽活動算是打開了在台灣的各種咖啡廳和展覽結合的追星模式。

　　站在市場角度，追星應援結合咖啡廳的模式，對一些咖啡廳的經濟效益也是不錯，不過還是要謹慎小心一些細節，例如我會對於來申請要辦活動的粉絲團體做一些要求，年齡是否有滿法定年齡？是否要收取門票？以及使用的展覽相關物件是否擁有授權等等，畢竟許多粉絲年齡是很小的，做起事情不一定周到，我在場地租借同時也會詢問是否需要協助，如果追星的粉絲可以學習到如何辦好一場活動，也是追星的一種很好的正向經驗值。

　　我曾經在防彈少年團七周年時租借了台北市古蹟級的展覽場地，辦了一場結合粉絲飯繪才藝的展覽，「飯繪」就是 Fan Art（粉絲藝術）的簡稱，有些粉絲擁有繪畫或是手作的才藝，會將自己喜愛的藝人繪製成 Q 版的娃娃或是製作特別具有代表性的圖騰等等。

　　當時因為場地申請本身是有規定一定要符合「文化推展」，在我寫申請提案時我心裡是很驕傲的，或許社會大眾不知道不了解，但是我們追星的粉絲其實也是藏龍臥虎的，有人韓文很棒，有人攝影很厲害，也有人是剪輯短片高手，所以我們也是有很厲害很棒的自創作品呢！

蝴蝶夢展覽 第一場由 Big Hit 官方辦的展

讓追星族可以快樂聚會的「FansCafe」

你看到的鯨魚
不是我的鯨魚

這個篇章有點像是「維基解密」，

在 10 年追星歷程裡，

有很多事件是在網路上引起熱議的，

甚至還有懶人包在網路上流傳，

也不可避免的發生過網路霸凌。

多樣的粉絲生態

在這章裡有詳細的解說,還會搭配一些圖片,除了還原真相,也可以引發更多人去了解,網路霸凌是怎麼發生的,黑粉是如何運作的。

為什麼當時不說或是不多解釋?

這篇章也希望能幫助很多人,當自己遭遇到這些狀況的時候,該如何思考和面對,當自己孩子遭遇到這樣的狀況時,該如何幫助孩子。

也讓一些想要進入粉絲市場的人,要知道粉絲這個市場的地雷在哪裡,不要沒弄清楚就往前衝。

原本以為自己是不會追星的人,沒想到追了防彈少年團而且還一追就是十年,這十年除了陪伴防彈少年團從默默無聞走向世界巨星之外,也有許多特別的經歷,過程中有些傷痛和難過,但是也讓我學習和成長,讓我學會從更多的角度看人事物,也讓我更堅定我的信念與方向。

　　藉由自己經歷的幾個實際案例分享，來讓更多人了解到追星文化裡面的暗流漩渦。

　　我在介紹入坑的時候有提到，除了大家所統稱的粉絲之外，在粉絲群裡還有許多不同的粉絲生態，例如前面已經介紹的站姐和私生飯，網路上常常看到聽到的可能有媽媽粉，女友粉男友粉，姨母粉，路人粉，團飯，唯飯……這些都算比較大方向區分的，另外的韓飯，中飯，日飯……等等，一眼就可以分辨出他們是用粉絲所在的區域做區分，比較常聽到但是往往讓沒有追星的人一頭霧水的就是 CP 粉，公司粉，而一聽就是不好的除了私生飯就是毒唯，黑粉，假粉……。

　　先了解粉絲們是如何被區分和有什麼樣的特色，才能對粉絲文化有更多的理解。

　　從大眾認為最簡單的女友粉男友粉開始講，其實也沒有那麼簡單，這種粉絲就是把自己當成藝人偶像的交往對象，這裡要區分一下男女粉絲的不同，如果是男藝人的女友粉，許多是年紀大約在 12~22 歲的年輕女粉絲，畢竟男藝人也大多在 20 歲左右，正好就是青澀小女生幻想偶像愛情劇的那個年齡段，一般 25 歲追星的女粉絲大多都直接定位自己在姐姐飯了。

　　但是如果是女藝人的男友粉就不同了，若是同樣以女藝人偶像年紀在 20 歲左右的話，這個男友粉的年齡層可以從 15~45 歲，男友粉和女友粉的共通之處就是會稱呼自己追的藝人叫「我老公」或是「我老婆」。

　　這男友粉或女友粉一般來說佔粉絲群裡很大的比重，且說這藝人偶像一個個男的帥女的美，又會唱歌跳舞，有的還有一身才藝，也有的反差萌主打一個真實可愛，誰見了不會在心裡想說如果身邊有這樣一個人多好，但是排除一般開玩笑的說法，這類型粉絲也最容易產生心理或行為上的變異，這點非常需要注意。

　　最常看到的就是女友粉或男友粉會干涉藝人的感情，拍戲不准碰到手，不准有感情戲，甚至可能舞台上演出有其他異性的藝人，看一眼都不行，網路上動不動吵成一片。

　　再嚴重一點點，可以天天捕風捉影，情緒跟隨著各種網路上蔓延的小道消息起起伏伏，這樣追星常常會變得很神經質，更嚴重的是妄想症，認定自己真的是藝人的男友或女友，還可能產生一些得不到就毀掉對方或自己的行為，常見的就是各種編排故事，然後也有網路造謠一哭二鬧三上吊，少部分會發生自殘生事為了得到關注。

　　跟男女友粉比起來，媽媽粉和姨母粉就好多了，就是年紀稍長的粉絲會愛碎念，要早點睡不要熬夜，衣服要穿多穿少，關心很多細節，有些會稱呼自己喜歡的藝人為「我家寶貝」，正常的情況就只是煩了一點，消費能力和貢獻度也是算高的，但是偶爾也會有一些變異的行為，因為認為自己家的寶貝藝人最乖最好最棒，有時候攻擊性會對外，變成攻擊所有只要是跟藝人有關聯的，就是那種誰都配不上我的寶貝，或是一定是誰忌妒羨慕所以故意對我的寶貝不好……，就真把自己當成藝人的親媽一樣，可能更嚴重的會不辨是非黑白，任何事情就是全世界都對不起他的寶貝藝人，自己的寶貝做什麼都是香的，然後跟誰搭檔都是對方配不上，千錯萬錯都是別人的錯，這種粉絲蠻橫不講理起來也是很頭痛的。

　　跟上面男女友粉和姨母粉的族群大小相比，唯粉的族群相對小許多，但是興風作浪的翻天本事卻很大！所謂唯粉就是「同一個團體」裡面只喜歡一個藝人的粉絲，這定義很簡單，但是特別強調同一個團體就是重點，正常說一般藝人就是一個人，無論唱歌或是演戲，如果某個粉絲只喜歡這個藝人，也不會被說是某某藝人的「唯粉」。

　　但是在團體裡就會有這樣的粉絲，就以防彈少年團為例子，他們有七個成員，團飯（團粉一般以飯字發音較順口）就是整個團體都喜歡，頂多有區分「本命」是哪個成員，對於自己最喜歡的成員就稱為「本命」，次之喜歡的成員稱為「副命」，遇到粉絲朋友跟自己本命一樣時，會稱為「同擔」，然而整個團體裡其他成員通通不喜歡，只喜歡一個成員的粉絲，被粉絲圈定義是「唯粉」。

　　以個人自由立場來說，對於喜歡或是不喜歡都是不能勉強的，只是唯粉可以交流的圈子就變小了，而且以一個團體來說，大多數團體成員都有互動和互相感情好的地方，可是唯粉很容易因為只希望自己喜歡的那個成員好，或許因為圈子比較小，有些得到的資訊和風向也比較偏頗，時間長了就會產生「毒唯」這樣的粉絲，毒唯是真的很糟糕的粉絲行為模式，這類型的粉絲是不在乎團體裡面其他成員和整個團體的發展好壞的，甚至會中傷和搶奪其他成員的資源，可以說是只要自己喜歡的藝人好、不顧他人不顧他人死活的自私自利型，而且他們深信自己這樣的心態和行為沒有問題。

　　毒唯最常說的論調就是，保護自己喜歡的藝人，為自己喜歡的藝人爭取最好的，何錯之有，甚至還有認為藝人應該是感謝他們的，因為他們認為藝人自己不敢說不敢爭取，所以他們是在替藝人發聲和出頭，卻不去思考藝人可能因為他們製造的問題和爭端覺得難過，或是變成他人眼中不好相處和應對的成員。

　　在團體裡往往都是互相照顧，真正能呈現在粉絲面前的部分也不多，沒有人會想讓照顧自己的好夥伴遭受粉絲的各種攻擊，但是藝人也不能每件事情都公開，也不能指責自己的粉絲，毒唯的過度行為反而讓自己喜愛的藝人啞巴吃黃連有苦說不出，所以毒唯實際上是很傷害藝人，對藝人沒有助益的，也絕對不是喜愛他們的正確方式。

　　講到唯粉就要聊聊 CP 粉。Coupling 的縮寫 CP 是意指兩人配成一對，一個團體人數多就可以組成各種 CP 配對，CP 粉絲的形成大多是因為比較喜歡團體裡面的某幾位成員，然後跟喜歡的成員互動親密的和感情好的成員，粉絲就會一起喜歡，特別是可愛的打鬧或是溫馨的照顧這類的互動，特別喜歡感情好的那種感覺，這樣就形成了各種 CP 粉，粉絲之間往往會問「你有沒有站

CP？」或是「你站哪對 CP？」，「站」就是站在支持喜歡的 CP 那邊的意思。

原本 CP 在意思上只是湊一對，團體裡面有的是同齡的感情好，也有的是玩在一起的伴，也有創作合作等等特別感覺很合適的，也有跨越原本團體和其他藝人的 CP 組合，例如因為拍戲或是主持或是綜藝節目而認識相處得很好的藝人，無論哪種原因，CP 粉都有對自己喜愛的 CP 組合設定好 CP 的定義和故事。

CP 粉最容易發生的問題就是，走火入魔的認定自己喜歡的 CP 成員他們感情上升到超越友情範圍，並且可能以各種角度和方式捕捉細節將自己的故事印證認為是真實，並且把自己定位變身成守護這對 CP 的人，其行為嚴重的時候就跟毒唯粉一樣，會攻擊除了他自己喜歡的 CP 成員以外的其他成員，也有會自己腦補的為了 CP 成員各種感情線設計故事，有一些很有才華的 CP 粉可以剪輯創作出跟電影大片裡面一樣的男女主角劇情影片。

CP 粉如果嚴重起來也可能會造謠和不願意面對事實，有時候會與團粉或唯粉產生牴觸而發生爭執，例如有某個團體組合裡的 CP 粉認為在某團體中 A 成員和 B 成員是真心相愛的情侶，那如果 A 成員跟 C 成員友好互動，CP 粉可能就會罵 C 成員是小三，

認為 C 成員破壞了 A 和 B 成員的感情，事實上 ABC 三個成員都是團體裡的成員，互相友好是很正常的才對。

而且同時也可能有站 AC 成員的 CP 粉，兩組站不同 CP 的粉絲就會產生爭執，團粉可能就會認為 CP 粉在分裂整個團體的感情，唯粉就會認為團粉和 CP 粉都是錯的。

在以上各種粉絲大部分類型的介紹之後，最後要登場介紹的是「公司騎」這個粉絲們使用的名詞，原本我對這些 XX 騎不太了解，但是因為很多時候我在分析事情給粉絲們知道時，會以比較中立的立場分析，畢竟我是一個出社會很久也待過媒體相關體系的人，接觸藝人經紀公司的經驗值也不少，所以不太可能擁有跟學生族群或是不清楚經紀公司運作的粉絲們一樣的看法或認知，多面向的思考也是我個人認為應該要做到的部分，所以有時候粉絲就會認為我是公司騎，於是我特別去了解了一下，才知道 XX騎的意思原來是唯粉的意思，也就是說某些粉絲因為我在分析事情的時候沒有完全站在藝人的單一角度，認為我是公司的唯粉。

不要小看公司唯粉這種思維，在一般大眾看起來可能不認為公司唯粉是什麼嚴重的事，但是上面有說過唯粉的意思就是「只喜歡某個成員」，若是被定義為「公司騎」那就表示粉絲認為你這

個人根本不喜歡藝人，你喜歡的是藝人的經紀公司，聽起來很荒謬，經紀公司也需要粉絲嗎？公司當然是不需要，所以公司騎也等於是認為你不是這個藝人或是這個團體的粉絲，否定了你這個粉絲的身分。

追星路上我有很多認知也是邊追星邊學習的，在粉絲文化裡面「罵經紀公司」這也是很重要的一個部分，可能因為一直以來存在的藝人與經紀公司之間的各種矛盾和問題糾葛，讓粉絲基本上大多數都是不喜歡經紀公司的，實際上經紀公司剝削藝人的案例也真的是多到數不清，例如合約時效長達十七年的，逼迫藝人做不喜歡的事情，要求藝人抱病也要演出的，或是沒有給藝人安排合適的演藝規劃的，長期對藝人不管不顧，一旦藝人有一點名氣就馬上跳出來要求分利和干涉的，還有合約期間不給藝人安排工作，冷凍藝人讓藝人自生自滅的……真的是蠻多的事件讓粉絲有討厭經紀公司的理由。

但是凡事過度和偏頗都是不好的，雖然有些經紀公司是有以上所述的那些行為，但是也有把藝人當成公司的寶，跟藝人一起辛苦一起努力一起付出血汗的經紀公司，只是許多粉絲的認知在市場經濟體系上並不完善和中立，當然因為粉絲是喜歡藝人所以才會是某某的粉絲，要粉絲擁有中立客觀的思考並不容易，而且粉

絲認為站在公司的立場，藝人就是一項公司簽約下的商品項目，在把人當成一個商品項目的思維模式之下，無論公司怎麼做都會覺得這是一種「利益」關係。

要說是利益關係當然也沒錯，只是就算是利益關係也要是互相的，藝人是公司的一個項目，公司要好好照顧和安排這個藝人，因為藝人賺錢了就是公司賺錢了，在公司賺錢的時候也要兼顧藝人的利益，簽訂合理的經紀合約，同時也要照顧藝人的生活和精神層面，不能只是以工作和賺錢為優先，而是要尊重藝人本身的意願和意志，這樣的經紀公司也是有的，只是可能真的不多。

因為我本身是防彈少年團的粉絲，從 2013 年防彈少年團和所屬經紀公司 Big Hit 都還很弱小的時候就陪伴和關心，直到防彈少年團成名了，經紀公司也擴大變成了 HYBE 集團，一路跟著看著的我在分析一些相關事情上就比較中立一些，我認為團體和公司的關係已經是很緊密和互依互存的，好的經紀公司就如同藝人的保護傘，經紀公司的工作人員都在為藝人做事，讓藝人可以呈現出最好最棒的一面，所以我選擇保護防彈少年團的方式當中也包括了保護他們的所屬經紀公司，但是如果公司真的有做出對藝人不利或不當的行為，身為粉絲的我當然也會為藝人發聲的。

　　以上各種粉絲的大致介紹可以看出來，其實這些粉絲大多還是正常的單純的喜歡欣賞藝人，只要能不過度就不太會出現不適當的粉絲行為，而大多數的不當行為也容易被放大和渲染，所以讓許多的一般大眾認為粉絲都是瘋狂和沒有思考能力的，其實也不是這樣的，我個人追星的十年裡也有許多的跌跌撞撞，遭遇過很多自己想想覺得很莫名其妙和當時不能理解的狀況，嚴重的網路霸凌也經歷過好幾次，跟大家分享幾個重大一點的事件，透過這些事件的來龍去脈來探討更深一層的粉絲狀態。

自律小組事件

　　這事情主要是發生在 2015 年底到 2016 年的期間，所謂的「自律小組」是由一篇我發的文章開始演變而來。

　　2015 年 3 月，防彈少年團首度來台灣辦演唱會，當時我有去演唱會現場，在這之前從電視上看到媒體報導防彈少年團抵達桃園

國際機場時的狀況，當時防彈少年團的成員在機場出關之後，粉絲接機的秩序非常混亂，粉絲們推擠嚴重讓成員們在機場大廳行走困難，那時可以看到畫面中成員們在移動困難的狀態下低著頭和面部表情嚴肅，也有年紀比較小的成員緊張的跟著年紀較長的成員，通過媒體的畫面和網路上無遠弗屆的迅速傳播之後，指責聲從各方如洪水般衝擊向台灣的粉絲，台灣的粉絲們也很難過和自責。

當時我是以一個社會大眾的角度來思考，覺得粉絲如果可以有人指引，懂得如何自律的話就可以避免這樣的狀況，因為我自己本身是專業在行銷活動的方面，對於現場如何掌控和安排規劃有一定的執行能力，於是我在臉書的粉絲專頁上發了一篇文章，分享了關於粉絲們如何自律的安排讓現場秩序可以變好的建議，這篇文章發出之後得到了許多的迴響。

粉絲專頁收到很多粉絲的留言是希望能有這樣一個組織帶領粉絲們保持秩序，畢竟粉絲族群是分散的，尤其年齡層偏低，如果只是寫一篇文章是無法真正做到的，熱心又雞婆的我畢竟是有許多的現場活動的規劃和實戰經驗，又是年齡層較高的粉絲，就想

著可以貢獻自己的多年經驗來幫助粉絲們，於是站出來規劃成立了「台灣阿米自律小組」（簡稱自律小組）。

自律小組本身宣導的是著重以下的幾項自律觀念：

1. 站好自己的位置不推擠

2. 用應援聲代替尖叫聲

3. 不追不奔跑

4. 配合現場的工作人員

這個自律小組除了宣導之外，也在 2015 年底為了因應防彈少年團在 2016 年要來台灣參加電視台的跨年節目而招募工作人員，同時也寫信跟電視台的官方申請這樣的一個「粉絲自律協助秩序」的部分，電視台收到我提供的這樣一個粉絲自律應援方案，在回覆會跟主辦單位聯絡後也得到了同意，「台灣阿米自律小組」就成為一個特別另類的粉絲應援團體。

為何說是特別另類的粉絲應援呢？因為我認為粉絲無論在機場接機或是在演唱會的會場所做的各種應援活動，都屬於粉絲應援的範圍，當然粉絲的秩序也應該是粉絲做應援活動時應該要具備的，只是在我做這個自律小組之前好像還沒有人這樣做過。

　　招募自律小組的人員時，我是用公開徵選的方式，我認為所有的粉絲都可以自願成為自律小組的一員，但是如果未滿法定年齡必須要附上家長的同意書，而且還需要考慮到粉絲的秩序宣導一定是要能夠最快速的傳達給最多的粉絲們，例如希望在現場的粉絲們配合如何應援和移動的事項等等，為了能夠達到現場的資訊流通速度，優先以防彈少年團的一些台灣粉絲所建立的臉書專頁管理員為主要招募對象，這樣在事前的秩序宣導和現場的配合事項，透過人數較多的粉絲專頁來發布，就能夠更快速的傳達給粉絲們。

　　自律小組的規劃在當時除了機場的秩序之外，在小巨蛋的現場也作了粉絲活動區安排。有鑑於之前在 2015 年 3 月參加演場會時，看到現場有很多粉絲專頁在發自製的應援小禮物，隊伍排得很混亂之外，領取應援小物的粉絲也不知道要去哪裡領，而粉絲專頁的管理員們花了心血做的應援小物，當然也是希望拿到的粉絲能夠知道自己拿的是誰製作和提供的應援物。

　　於是我們先提供了「應援物發放的登記表」讓各個粉絲專頁填選，裡面有詳細的提供發放應援時間和內容物以及數量，依照填寫表單的資料來計算和規劃在現場的排隊領應援物動線，然後公

告了一張「粉絲應援物發放表」，讓粉絲們可以精準的知道自己在幾點去哪裡排隊可以拿到哪個粉絲專頁所提供的什麼應援物。

一方面可以讓現場秩序整齊，一方面可以幫助現場粉絲不會到處奔走找不到自己想要領取的應援物，再一方面可以讓發放應援物的粉絲專頁管理員有時間可以休息或是去洗手間，在活動表上輪到自己發放應援物的時間到了再出現即可，這是一個一舉數得的方式。

另外，還有當時電視台的跨年節目，每年都有提供「現場排隊候補」的入場名額，我們也想到了可能有些粉絲會提早一天到現場去排隊，因此當時自律小組是綜合機場和各個現場等等的所有需要做安排。

也因為報名成為自律小組的工作人員遍佈在北中南，所以加入報名的時候就做了一些調查和分配，將自律小組的人員分成了幾個組，除了我和另外三人組成一個全程隨時支援各種狀況的特殊機動小組之外，其他人員都有非常明確的負責區域和工作責任分配。

1.桃園機場接機組

負責防彈少年團抵達桃園機場當天入境時的粉絲接機秩序維

護，人員需要依規定時間自行到現場集合，配合機場保全和主辦單位執行秩序管理。

2. 桃園機場送機組

負責防彈少年團從桃園機場出境當日的粉絲送機秩序維護，人員需要依規定時間自行到現場集合，配合機場保全和主辦單位執行秩序管理。

3. 小巨蛋夜排組

從台北小巨蛋出現夜排粉絲當日開始執行，人員自行到現場報到，人員本身可以參與夜排，但是需協助現場排隊的粉絲，與主辦單位已報備可發放夜排號碼牌，避免現場粉絲出現排隊人數和順序的爭議。

4. 小巨蛋現場活動組

跨年節目錄製當天在小巨蛋現場，與主辦單位已報備取得可以活動的區域，並規劃好各個發放應援物的粉絲專頁時間，人員自行到現場報到後，依照時間表和事前安排的工作分配，協助現場粉絲排隊和領取應援物。此組別有特別安排會外語的自律小組成員，分別有英文、日文、韓文的三國語言，這也是自己去日本演

自律小組相關規劃

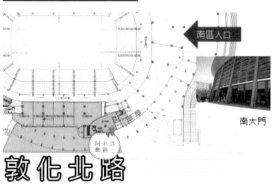

南區入口

南大門

敦化北路

活動區	位置	專頁名稱	類別	成員	活動安排時間	小禮物數量
發卡區	1	KOOKJelly::果凍防衛站	發小卡類	BTS,JK	下午16:00~17:00	各100份
發卡區	2	酶演雞米販賣中::Jimin::	發小卡類	BTS		50
發卡區	3	하루하루 :: Yun的追星點滴	發小卡類	SG,JM		閃糖200 / 雞米200
發卡區	4	推特：Pulsate97	發小卡類	All members(1/7)		150
發卡區	5	赫魯雪夫的星球 II Khrushchev Planet	發小卡類	All members(1/7)		團員7名+團體 各200張 8x200=1600
發卡區	6	D8E8 遮心	發小卡類	BTS		300
發卡區	N	防彈不正經實驗室	發小卡類, RUN 跟I NEED YOU 應援口號練習紙	BTS	因為我們都要到現場排隊，所以我們會隨時在排隊的時候發給阿米們	小卡100張, 應援練習紙500張
發卡區	N	米安的星際遠航記 A+M's Star Trek Diary	發小卡類	BTS	進場以後 服務場外無法進場的阿米	200
發卡區	N	안녕,My 남자	發小卡類	JM	隨機出現(很抱歉當天不大確定到達時間ㅜㅜ)	100
發卡區	N	MEL的韓假日誌	發小卡類	BTS	不確定	250
發卡區	N	WE ARE 防X彈 :: &One More Time	發小卡類	All members(1/7)	隨機	約1000份
表演區		抽風防彈::濕濕托兒所ū	唱歌	(大致上以run I need u Dope 나비 whalien 52 converse high 為主	下午13:00~14:00	
表演區		*Dazzling*	跳舞	BTS	下午14:00	
表演區		ConHrSun	跳舞	團體	下午15:00~16:00	

【 台灣阿米自律組織 】

Taiwan ARMY Staff Team

親愛的阿米朋友們：

很高興防彈少年團再度訪問台灣，
這次我們除了希望能好好維護他們不要受到推擠，
也希望讓他們對台灣的阿米們有著深刻的好印象，懇請大家的幫忙和合作，
請讓防彈看到台灣阿米們溫柔美麗的一面，台灣阿米絕對是最漂亮的喔！

自律宣導：

機場/飯店

A. 請遵守現場工作人員的指示，站或坐在指示的區域。

B. 請勿在防彈出現的時候衝撞和推擠。

C. 現場有準備聯合應援的方式和口號，希望大家能盡量參與。

D. 如果有其他阿米往前推擠，希望能協助勸導和阻擋。

E. 如果可以，請收起您的手機或相機，帶著阿米夜應援棒，給防彈應援。

F. 泰國的阿米可以，台灣的阿米也一定可以，而且我們還可以更好。

※ 如果您選擇不拍照，
您需要美美的防彈照片，
請加入台灣阿米自律小組 TAST 社團，
這裡的照片是公開共享的喔。

https://www.facebook.com/groups/928672730514540/

唱會現場時的發現，外國粉絲可能會找不到洗手間，或是需要找人詢問一些事情卻無處可問，如果沒有人協助真的會很困擾很想哭，所以推己及人，同時也讓我們的台灣粉絲可以展現出自己的能力和溫暖的一面。

這個自律小組除了分配組別和工作內容之外，一開始加入就要先同意一些基本的規範和要求，我玩笑的戲稱這些要求是「不人道條款」，不是真的不人道，而是站在粉絲的角度這些要求是需要一定的決心才能點頭答應的。

台灣阿米自律小組工作人員 「不人道的規定」

寫於 2015 年 12 月 30 日 星期三下午 3:07

「台灣阿米自律小組」有幾個不人道的規定，請大家先看一下，確定自己能做到！

1. 不能看到防彈然後尖叫。

2. 不能為了想看防彈而選擇對自己有利的工作區域或位置 (總是有人會分派在不同地方)。

3. 不能在防彈出現的時候拿出手機或相機，因為我們要以身作則。

4. 大家可能要吃自己的，住自己的，用自己的（因為我們沒有錢）。

5. 可能晚上很冷，我們還是要站在那裡喔！

6. 對於不聽話的阿米，我們只能用無辜的眼神，拿出防彈的照片神主牌，拜託對方乖，懇求對方聽話，不能打她罵她。

看似一切都很棒很順利，其實並沒有那麼順利。自律小組從一開始進行成員招募就遭遇到一些嘲笑，最多聽到看到的是「怎麼可能粉絲可以自律」，或是「我追星那麼多年沒見過可以看到偶像不尖叫的粉絲」，「什麼自律小組，等著看笑話吧！」等等非常多類似的質疑和嘲諷，也有一些擔憂而私下傳來訊息，大多是說很多其他關於聯合應援都會有內部爭執，自律小組這樣的應援組織前所未有，一定會有很多問題等等。

當時的我因為追星的經驗不多，當粉絲也沒有很久，就是一腔熱血的以自己在工作上班的方式，再加上自己的多年專業組織活

動的經驗，反而沒有受到這類言論的影響，完全依照規劃進行，完成了一個六十多人的自律小組，而且在各組的組長選任上，也是先將組長的工作和責任公告之後由各組人員自己報名，各組在不記名投票下選出，非常公平公開的作業程序，各組組長各司其職的帶領下讓自律小組運作很順暢。

在 2016 年 1 月 9 日要在小巨蛋錄製的電視台節目，粉絲卻在 1 月 6 日就通知已經有人在小巨蛋外場等候排隊了，我當時聽到嚇了一跳，因為夜排組人員一開始是安排提前一日，現在是提前 3 日就有人去排隊了，就趕緊請夜排組人員協商安排出動，畢竟這個場外排隊的事情是不在主辦單位的管轄和安排範圍，粉絲的安全和秩序就是靠我們自己了，而我也已經跟主辦單位提出了我們會用發放號碼牌的方式，希望能爭取最大程度的進場補位，所以我們當然也要做到我們的秩序管理和號碼牌發放。

爭取到這部分可以算是很大的福利，真的是不容易的，畢竟這個跨年節目是邀請很多的藝人參加，所以並不是只有防彈少年團的粉絲會在現場排候補名額，當時我們粉絲這樣日夜排隊到了 1 月 9 日當天下午，累計發放八百多號，在整齊整隊的狀態下一批一批的進場補位，耗時約一個半小時順利將所有排隊的粉絲都送

進了會場。

在 1 月 8 日防彈少年團抵達桃園國際機場的接機現場，自律小組的人員提前到現場依照主辦單位的要求站好位置，我們也事先宣傳了接機應援口號「防彈脆骨ㄟ、BTS 撒唧嘿、台灣阿米 LOVE U」，以有韻律的應援口號代替粉絲的尖叫，一方面喊口號的節奏也可以讓粉絲不容易情緒暴走，就有效的防止暴衝和推擠，所以接機的狀態非常好，粉絲們都非常開心，媒體也做了報導稱讚粉絲自律接機。

就在一切都感覺很順利的時候，問題還是發生了。

在 1 月 10 日的送機現場，我們依照原本的規劃聽從台灣方保安主管的告知，將守候在桃園機場的粉絲們聚集，排成左右兩排準備歡送防彈少年團，但是沒想到就在防彈少年團成員的保母車抵達桃園機場的時候，因為有一些包車的粉絲追車跟車尾隨，並且圍著成員乘坐的車輛拍照和不肯聽從保全要求去旁邊，所以成員沒有下車。

我當時收到無線電傳給我的訊息是「讓自律小組人員到二樓海關入關處待命」，我心疼已經排隊等候許久的粉絲們，所以前往

跟保全主管詢問是否可以再跟韓方的保全主管溝通看看，我們會盡最大能力維持秩序的，努力了兩次之後得到的回覆是，韓方他們不同意，因為太多這樣的經驗了，只要成員下車，前面圍著保母車怎樣都勸不聽的追車粉絲就會往前衝，圍住成員們並會擋住動線，後面的粉絲看到一定也會有人跟著向前推擠，然後就會出現無法控制的場面，所以韓方決定由經紀人下車去幫成員們辦理登機手續，保全主管再次要求我將自律小組的全部人員都調整到二樓入關處，而且還強調要低調和盡快，他說等一下粉絲們就會全部往二樓海關入關的地方衝了。

我帶著非常無奈的心情，將原本在一樓維持秩序的自律小組的工作人員調度到二樓，留下少數人員維持一樓的狀況，果然在經紀人辦完登機手續上車之後，保母車一開動，所有原本排好隊伍的粉絲都緊張地追著保母車的方向在機場大廳到處奔跑，自律小組的人員跟在後面一邊喊著「不要跑」，一邊協助扶起其他旅客被撞倒的行李箱，和不斷的跟其他受到干擾的旅客們道歉，然後我們在機場二樓的人員則一直宣導湧上二樓的粉絲不要擋住通道，還有其他旅客要入關，請大家站好位置就不要亂跑，在自律小組的工作人員們努力的宣導之後粉絲們有冷靜了一點，陸續開

始圍著機場安排的入關處紅龍外圍站好。

　　就在防彈少年團的成員從機場二樓入關處的左邊電梯上來，出現粉絲尖叫和推擠，「碰」的一聲左邊的紅龍被推倒了，同時最前面兩道紅龍都已經被粉絲穿越了，我們之前自律小組的人員有做一些訓練，知道如何協力組織人牆來阻擋推擠和想暴衝的人，所以我們非常快速的集結到入關的最後一道紅龍前面組了人牆，讓防彈少年團的成員可以有路可走，過程雖然有些混亂，但是自律小組的人牆發揮了功能，至少讓防彈的成員們沒有遭遇到任何推擠，順利的入關了。

　　當時的接機和送機秩序其實在整體上是比 2015 年好很多了，大部分的粉絲都覺得比預期的好，也有海外其他國家的粉絲給予我們這樣的秩序稱讚，主辦的電視台也發信感謝，一切似乎都沒有什麼問題了。

　　後來因為這次的送機狀況和接機時的秩序相比自然是差強人意，我們在活動結束後理當檢討為何送機沒有順利成功，於是就提及到「包車追車」這樣的行為，畢竟若不是當時有粉絲從飯店包車，一路追車到機場，而且還一下車就圍著防彈成員所乘坐的

保母車，或許就會是一場粉絲很有秩序又很感人的機場列隊歡送，也不會出現一大群粉絲在國際機場的大廳奔跑，像是侏儸紀公園裡面的恐龍群奔跑畫面，於是在自律小組的社群平台發了文，請粉絲以後不要包車跟車。

另外，檢討時還有看到影片中出現用拍立得近距離貼近成員的臉拍攝，被保全人員阻止還不理會不停止，保全人員用雷射光筆照射拍立得鏡頭，而在自律小組的資料照裡面也發現有這樣近距離用閃光燈貼近藝人臉和眼的行為，所以也發文提醒，不要近距離的拿拍立得相機拍攝成員的臉，就這樣陸續整理了一些檢討後的行為，在粉絲專頁上發文宣導。

原本以為只是簡單的活動後檢討，沒想到卻開啟了一場網路霸凌的噩夢，有人開始造謠說自律小組其實是「自肥小組」，理由都很匪夷所思，幾個重點說法歸納如下：

1. 自律小組不讓其他人靠近防彈少年團的成員，但是自己卻可以站在最前面。

2. 自律小組說好不拍照，但是卻有安排專門的攝影師貼著防彈成員拍攝，圖利自己人。

3. 自律小組才是帶頭衝倒紅龍製造混亂的。

4. 自律小組的人在最前面可以摸到防彈少年團的成員。

　　以上只是隨手就能抓出幾個造謠的內容，事實是我們站在主辦方要求我們負責的位置，不是我們可以選擇要站什麼地方的，而且我們是規定工作人員不能拿出手機拍攝防彈成員，也同時有公告會有專門負責攝影的工作人員，而這些負責攝影的工作人員主要不是為了拍攝防彈少年團成員，而是為了拍攝記錄整個場地的狀況，所以位置也是指定好的，沒有任何一個攝影有貼到防彈旁邊，至於什麼帶頭衝倒紅龍和摸到防彈成員……更是不可能的事情。

　　只要看影片和詢問一些真正有在現場的粉絲就能證明是虛假的，但是粉絲的世界卻常常不是我們所以為的那樣，而某些有心人士就懂得如何利用和煽動粉絲。

　　為此我雖然一一舉證，甚至也有請律師做公正的第三方將所有資料提供，證明那些謠言都是虛假的，但是即便如此，網路上仍然留著那些不實的言論在某些論壇和平台，也有一些人只是轉到不公開的社團，讓這樣不實的流言繼續在發酵。

　　當年身陷其中的時候，因為這些惡意的攻擊和抹黑造謠，讓許

多參與自律小組的粉絲妹妹們過著很驚慌的日子，有的人半夜打電話給我哭訴，哭著問到底我們身為自律小組做錯了什麼；也有說不敢讓別人知道自己是自律小組的人員，因為聽到身邊的同學朋友在嘲笑自律小組是自肥小組……

我覺得很受傷很難過，這感覺並不是因為我被嘲笑或是被造謠，而是我覺得這些自律小組的人員本來應該抬頭挺胸的，他們年紀都不大卻願意放棄自己身為粉絲的身分，自願收起手機，為台灣阿米的顏面、為自己所愛的偶像而付出，結果他們卻受到了這樣的傷害！

在 2016 年 6 月的時候，防彈少年團再次來台灣舉辦演唱會，當時原本自律小組召募了第二代工作人員，一樣要執行機場秩序的管理，我那時候還特別為了「正名」，所以去拜訪了機場的保全主管和航警局，他們都記得在一月的時候我們做的秩序管理，也非常認同粉絲的行為需要粉絲自主自律。

這個正名其實很可笑，就是一直有一些攻擊自律小組是「沒有申請」的，「自稱」自己是什麼自律小組，實際上根本沒有資格做這些，憑什麼站在那裡管理秩序……等等，實際上如果我們沒有經過主辦單位同意，主辦和保全主管又怎麼可能會要我們做那

些事情，也不可能讓我們單獨有一個排隊候補入場的區域，還承認我們所發放的號碼牌，種種都顯示出其實那些人是故意抹黑和擾亂的，而我卻不得不因為他們的質疑，特別去拜訪機場的保全主管和航警局。

就在自律小組進行各項宣導時，突然有一群不明人士號稱是粉絲，湧入自律小組的粉絲專頁開始做諷刺和攻擊，將網路上那些造謠的內容不斷的留言洗版，甚至還做了很荒謬的懶人包，方便快速散播不實謠言給不清楚實際狀況的粉絲。

因為上述的那些造謠和攻擊，讓許多自律小組的人員覺得灰心和難過，雖然我已經跟機場的保全和航警局都溝通好了，也無法阻止惡意的扭曲和給志工粉絲們的打擊。

因為那些攻擊言論，不斷的要求自律小組解散，訕笑辱罵各種操作，最後在防彈少年團飛來台灣的前幾日，自律小組的人員在群組裡進行了投票，最終決定不出動桃園機場的接機。

當然，不用擔任自律小組的志工活動，大家可以恢復成一般粉絲的身分，一樣可以去機場接機，還可以不受約束的拿出自己的手機愛怎麼拍就怎麼拍，反而是為了維持秩序當自律小組的工作人員，這些都不能做呢！

　　但是，在 6 月 8 日防彈少年團成員抵達桃園機場出關時，粉絲衝撞推擠，讓成員 Jimin 被絆倒了！這事件也讓台灣被全世界的防彈粉絲 ARMY 給痛罵，台灣的阿米們也自責內疚難過。

　　自律小組收到一些阿米的請願，希望自律小組能夠再次組織起來，能夠出動協助 6 月 10 日的防彈返國送機秩序，甚至我收到了台灣方被聘的保全給我訊息，意思是韓方在檢討他們，然後他們在詢問我們自律小組的人員，他們以為我們會像上次一樣在機場協助管理秩序，沒想到我們因為那些攻擊的言論，沒有辦法動員到現場協助。

　　我一路開車從桃園機場回到台北都在哭，對於自己沒有堅持自律小組正常出動而生氣，對於那些根本不在乎防彈少年團和台灣阿米的人而生氣，那些人就連看到 Jimin 跌倒的時候，都還急著留言諷刺「自律小組呢？」「不是管理秩序很厲害？」……

　　他們讓我清楚知道，那些造謠、諷刺、傷害……全部都是沒有意義的，他們就只是想要看到受他們影響所造成的混亂，而他們就躲在網路鍵盤後面沾沾自喜的看戲。

　　但是因為已經公告自律小組不出動了，所有的人員都各自作

息，在沒有提前規劃的狀態下很難動員。

　　加上原本的自律小組群組裡面，也是各種聲音，有些人沒有辦法臨時配合動員，也有一些人是抱持著那些人罵自律小組那麼難聽也沒看到有人出來聲援，現在就該讓大家一起痛。

　　紛亂歧異的意見之下，第二天就是演唱會，緊接著第三天一早就要去機場送機，時間緊迫之下我選擇了退出自律小組，然後獨自安排租借隨身麥克風等用具，毅然決然的堅定自己去維持秩序的心。

　　很多人會很驚訝我怎麼退出了自己一手創立的自律小組，因為我在或不在自律小組都不是重點，我本來就不是為了當什麼帶頭的人而站出來的，那些說什麼我想紅，我要出風頭……這些話根本就是很搞笑，真正的重點就是如果沒有守護好防彈少年團，沒有守護好台灣阿米的名聲，那自律小組根本沒有存在的意義。

　　1. 無論別人怎麼笑和抹黑，我的初心是要防彈開心的來，安全的回家。

　　2. 如果我做了會被罵，不做是防彈和台灣阿米受傷害，那我被罵無所謂不重要。

3. 入境時 Jimin 跌倒了，現在全世界阿米都在緊張和盯著他們出境時的秩序，台灣阿米一定要把握住送機的機會好好表現，不然這汙點就會在 2016 年防彈少年團的台灣演唱會這個紀錄裡，永遠洗不掉了。

4. 自律小組是我成立的，我退出之後的任何行為代表我自己，之後要怎麼攻擊怎麼罵，我自己一個人承擔，劃清界線才能保護那些自律小組裡的粉絲妹妹們。

在我退出自律小組的群組之後，有幾位自律小組的幹部成員願意與我一同去桃園機場協助送機的粉絲秩序維護。

這次我一到桃園機場的出境大廳現場，台灣方面的保全人員就有來詢問，我表示只有少數幾位自律小組人員到場，我們在旁邊等待他們跟韓方保全主管協商。

此時沒想到韓方的保全主管親自帶著一位翻譯人員來找我，他彷彿知道我們自律小組的事情，直接就詢問現場我們自律小組有來多少人，並且說明他需要我們幫忙把散落在機場各處的粉絲給聚集起來，他知道粉絲們很難管理，他需要我當成一個窗口。（我們追星都會知道哪些人是團體的經紀人和保全主管）

在韓方保全主管的授意之下，我們將粉絲們帶到他們規劃好的送機範圍，並且以整齊的應援口號歡送防彈成員，韓方保全主管也接受我們的意見，處理了跟車飯造成的問題，將追車跟車的粉絲直接阻擋在機場入口的門外，經過這次的成功送機讓網路上讚聲不絕，終於讓台灣阿米們鬆了一口氣，不再難過和被責備。

會將這個事件內容寫出來，主要是要讓一般大眾可以藉由我的這些經歷去多了解一些：

為什麼這樣的事情會被抹黑？

怎麼會有粉絲相信那些不存在的事情？

一件明明看著是好的事情，也做了讓大家都滿意的成果，為什麼有人要抹黑？

從另一個角度來看，也會知道追星就是一個小型社會型態，分析出來就會知道該如何面對和思考。

首先為什麼這樣的事情會被抹黑，其一是有影響到一些人的利益，例如我們宣導不要跟車追車，那麼那些花了時間和金錢去取得藝人行程資訊的人，就會因此受到影響，以及部分他們長年累積的客人（追車飯），也會覺得被我們針對而不開心。

　　這裡必須強調一點，從未知的管道和不明方式去取得藝人的行程資訊，這樣的人是整個所謂的「飯圈」都會有的，不分國界也不分是哪一個經紀公司或是哪一個藝人哪一個團體，所以當防彈少年團的粉絲跳出來宣導的時候，來攻擊的帳號也是沒有限定是防彈少年團的粉絲阿米。

　　除此之外，當粉絲秩序變好了，原本有一些真正混水摸魚，例如跟機的，趁亂靠近藝人的，對著藝人臉近距離拍照的，他們的行為就會格外明顯。

　　甚至後來也在分析之後發現，幾乎有超過七成的黑粉實際上是各個團體的粉絲，就不是真的某一個團體的粉絲，也是由此讓我可以進一步了解實際的事件生態。

　　接著要分析的是，為什麼粉絲會相信那些不存在的事情，這個就是跟上面所述的各個不同的藝人和團體的粉絲有關，也就是說這些想要帶風向的粉絲因為是跨越不同團體，所以他們散播不實謠言和消息的速度更快，散播的平台也更多，再加上他們懂得粉絲的心態：

　　例如，「我不是某家的粉絲，我覺得這件事很可笑，我們追星

那麼久沒見過這樣的⋯⋯」用這樣的角度會讓一些不明真相的粉絲認為客觀，然後再看到這些帳號的人好像在飯圈裡面很活躍，就更容易相信。

其實這些活躍都是假象，例如他們只有 10 個人，但是他們會申辦很多個帳號，形成當一個人發表一句話，就會有好多人點讚和留言的假象，若有人留一句不贊成的內容，他們就採取包圍的方式，兩三人用的像是四五人一樣，成群圍著那個留言攻擊嘲諷，或是留言洗版把那個不贊成的留言被洗到看不見。

依照網路數據推上去的，就會是他們想要給其他粉絲看到的內容，粉絲們在網路上看到一個兩個三個四個，自然就會認為他們說的是真的，也就是帶風向成功了。

這裡分享我如何知道的，我是從自律小組的事情之後，粉絲專頁就封鎖了很多發言不雅或是故意來搞亂吵鬧的帳號，我自己本身是行銷專業，對於市場言語行為等等都有一定的敏銳度，於是我發現一些不明的新帳號留言那語氣和說話的內容，都跟之前被封鎖的帳號一樣，然後進來一堆帳號都裝著彼此不認識，你一言我一語的互相點讚和留言。

　　當時認為這現象很奇怪，我是粉絲專頁管理員，有一個管理功能叫做「隱藏該留言」，這個功能點選之後，那個留言就只有與那個帳號相關的人才看得到，其他人都看不到，

　　這等於是我將那個留言當成魚餌，誰看得到這個魚餌，咬一口就是上鉤了。

　　經過好幾次只要發現留言區的留言有些怪異，用這樣的方式真的常常就是某幾個帳號會看到這樣已經被隱藏的留言，代表他們一定是互相認識不然就是小號，我將他們的一整串名單拉出來，再進入這些帳號的朋友圈和網路上的各種資訊做交叉比對，就分析出他們是誰了。

　　在這裡分享出來，也是希望讓更多人知道，其實網路世界雖然可以很自由的發表言論，但是不代表沒有人知道帳號的背後是誰，我這還是用經驗來分析，真正有能力的可能會用更精準的方式得到準確的資訊，所以還是要謹言慎行才好。

　　在自律小組被抹黑之後，我也等於半強迫式的快速提升和增加了自己對粉絲族群的了解，自己當時覺得真是不可思議，畢竟沒有追星的經驗，用一般社會大眾的角度和思考模式，會覺得很荒謬，但是也讓我知道很多，例如粉絲真正在乎什麼，對粉絲而言

隊長南俊親簽自律小組臂章

什麼是重要的，粉絲會討厭什麼，這樣可以盡量避免自己誤入地雷區。

耳機事件

當然，除了地雷也有一些無理的狀況，只要有人群就會有人喜歡或討厭你，可能先了解一下也能強化自我的心理狀態。如果要說自律小組這整個過程帶給我的體會，那就是讓我擁有更強大的心臟和堅定了自己的方向，面對之後的各種事情已經不會再那麼難受和無措。

例如，當年送南俊生日禮物的耳機也可以被黑粉利用，攻擊成我情緒勒索金南俊；也有粉絲在參加應援的幾年後，突然跳出來說我什麼資金交代不清，結果我提供活動名單，這個人就消失了！但是已經達成他們想要製造網路上輿論霸凌的目的，那些抹黑錯誤的資訊，迄今依然在某些版上不負責任的流傳，而我學會的就是了解黑粉和謠言的影響和如何應對。

粉絲對藝人或經紀公司的傷害性

　　很少人會談及粉絲對藝人或是經紀公司的傷害這個部分，因為這部分非常敏感，對藝人和經紀公司來說，粉絲就是他們的衣食父母，他們即使受到傷害也只能默默吞忍，經紀公司為了藝人和市場也不會對這方面多說什麼，藝人更是只能微笑的說著沒關係、沒事、讓大家擔心了……這樣雲淡風輕的話語。

　　但是因為我是粉絲的立場，不是經紀公司也不是藝人，我也不是網紅不靠粉絲賺錢吃飯或是獲得什麼利益，所以我認真的要來好好的講述一下粉絲對藝人或是經紀公司造成傷害的部分，因為這部分是成為一個追星族或是已經身為粉絲的人很需要注意的。

　　為什麼粉絲會對藝人或是經紀公司造成傷害？對於經紀公司造成傷害或許比較容易理解，但是有時候傷害經紀公司的狀況也是會殃及藝人，最常發生的問題大多出在粉絲族群的年齡偏小，對於許多社會型態和產業狀況並不了解，追星最容易接觸的是娛樂圈的一些環境和粉絲族群自己的生態，但是藝人和經紀公司本身是存在於整個社會經濟體系裡面的，這樣就會產生一些認知和

價值觀上的落差，再加上現在所謂的自媒體隨便都能發個網路消息，如果粉絲對資訊的取得是從不優質的平台，就會更容易產生對藝人和經紀公司的傷害。

接下來舉幾個實際的例子。在 2018 年的時候因為日本電視台取消了防彈少年團的行程，並且在公布取消的時候使用的理由造成很大風波。起因是防彈少年團的成員在 2017 年時穿了一件韓國慶祝光復的衣服，那件衣服的設計圖案使用了原爆雲的圖，在日本引發了認為這是對日本不尊重的聲討。

當時防彈少年團才登上聯合國大會發表演說，並且剛剛接受了韓國政府頒發的「花冠文化勳章」，成為韓國史上最年輕的文化勳章獲獎者，此時的防彈少年團已經不只是一個偶像團體，而是代表著韓國的意義。此次風波也摻雜了日韓兩國的歷史恩怨情仇，又牽涉到日本的政治派系，想想這是時隔近一年的舊照，這樣一件衣服突然被翻出來大加撻伐著實並不單純。

但是粉絲們當然是相對單純的，即使當時那件衣服的設計師也發文澄清，說明並非是用支持戰爭造成的傷害來作為設計概念的，以及衣服上出現的 KKK 是 Korea(韓國) 的開頭，而不是網

路上所說嘲笑的發音 (實際上韓國的嘲笑用字也不是 KKK) ，但是仍然有許多粉絲在混亂的資訊裡受到了影響，加上也有許多其他韓國團體陸續被傳出將被日本封殺，於是整個飯圈都在震動和紛亂，其他團體的粉絲紛紛指責防彈少年團，認為是他們害自己喜愛的藝人受到牽連，所以粉絲們就開始騷動，要求穿這件衣服的藝人趕快道歉，要求所屬的經紀公司趕快道歉，甚至有一些防彈少年團的粉絲都因此受到影響，認為趕快道歉是對的，只要道歉就沒事了。

這樣的壓力排山倒海的衝擊著防彈少年團和他們的所屬經紀公司，過了幾天還是不見藝人發聲，經紀公司也只有聲明絕對不支持原子武器等，於是罵聲不絕於耳，粉絲們紛紛指責經紀公司危機處理不佳，罵藝人躲避不回應造成其他團體的損失等等，在粉絲群體裡面也出現了壓迫性的互相攻擊情況，例如只要有防彈少年團的粉絲想說明不同的觀點，就會讓其他各個不同團體的粉絲將箭頭指向該位粉絲，同時一定也會帶著防彈少年團一起罵，然後變成防彈少年團的粉絲群內部自己出現「噤聲」的一派和「堅持發聲」的一派。

經過五天後，經紀公司的做法獲得了大眾的接受和讚賞，營運

負責人親自前往原爆資料館與原爆受害者協會的人士當面致歉，而防彈少年團的粉絲也找出了日本原爆受害地——廣島「和平紀念館」的設計意義，原來原爆雲在許多設計使用上的意義早已經是「祈願和平」，是為了要人們記住戰爭的可怕，珍惜和平的不易，此次風波才算平息。

從此事件探討粉絲對藝人和經紀公司的傷害，主要來自於粉絲沒有意識到這不是單純的喜歡或是不喜歡，也不是藝人個人行為可以接受評判的，因為藝人本身是韓國人，在立場上穿自己國家的光復慶祝服裝不是問題，而且這個道歉行為要到什麼樣的程度，用什麼樣的立場，才不會變成日韓兩國的問題，已經遠遠超過粉絲在網路上所看到的和得到的認知，如果依照粉絲們原本的要求隨意道歉，可能真的就毀掉了一個很好的藝人團體。

而經紀公司此次也是做了一個很好的處理，他們選擇對當年的原爆受害者團體致歉，並且不只是流於發文的形式作法，而是安排了當面致歉，這樣等於把紛擾的範圍和焦點都縮小到「實質受害者」，而不是任何可以牽扯到的國家或是地區，實質受害者都接受了道歉和解釋，那其他人也沒有立場和施力點再對這個事情做其他的發揮。

　　只是粉絲們要從這件事情上學到的是，不是發生事情就要求藝人或是經紀公司立刻馬上做自己認為對的處理，因為要了解自己的認知是有限的，例如很多粉絲還只是學生的年紀，無論在社會化程度上，或是人生經驗上，都不足以能夠去判斷這樣等級的事件，也不會懂得公司的營運方式。

　　例如公司要先開會討論處理方案，然後還要盡快的與各個相關的單位和人去聯繫溝通，也要取得對方的理解，才能安排雙方都合適的地點與時間，這個過程需要至少幾日，而且不方便對外透露以免有心人士再度出手帶風向攪局，而藝人只能在此期間忍受這些壓力和謾罵，所以身為粉絲要先冷靜，不要輕易被網路上的各種風向給帶動，成為傷害自己喜愛的藝人的那一方。

　　也可以參考和傾聽一些年齡較長和社會經驗都比較豐富的粉絲想法，只是這樣的粉絲會發聲的是極少數，原因是他們大多忙於自己的生活和事業，即使追星也可能不太出現在網路上互動，但是若是有比較嚴重的或是牽涉比較廣的事情，偶爾還是會浮出水面發表一些看法，主要是希望年輕的粉絲群可以多聽多思考，而不是急著謾罵和要求，這樣可能會自亂陣腳，演變出自家粉絲互相傷害的狀況。

　　上述舉例是比較特別，畢竟要能引發成為國際敏感話題的藝人或團體並不多，但是有一種狀況是最容易產生粉絲傷害到藝人的，無論什麼團體幾乎都避免不了各個成員的唯飯所造成的問題。

　　最常見到的就是各式各樣的「公司對 xx 成員不好」：

　　A. 針對每一首歌的演唱時間斤斤計較。

　　B. 拍攝任何作品都會認為自己支持的成員被差別對待。

　　C. 成員做什麼都要認為是被干涉或壓榨或是欺負。

　　D. 認為自己喜歡的成員被其他成員搶了資源。

　　E. 團體受邀參加活動或是節目，都會認為自己喜歡的成員鏡頭少或是沒拍好。

　　F. 常常攻擊藝人周遭所有人事物，認為只有自己為藝人著想。

　　以上幾點相信很多人都有見識過，即使不是追星族只是路人，都可能不陌生，這些事情對藝人和藝人的經紀公司其實都造成很多困擾。

　　就以針對每首歌的演唱時間斤斤計較，就是因為團體常常會分配每個成員要唱哪一部分，某些粉絲就會認為自己喜歡的成員唱得少，或是分到的 Part 不夠好，但是實際上一個團體有的三人，有的十三人，團體裡誰負責哪些部分也本來就有分工，而且還有音色與音域搭配歌曲的特色等等必須要考慮，並不會依照人數平均照比例分。

　　正常情況下，一首歌要分配給團體的成員，一方面是要看聲線音域的合適，因為成員裡有的負責高音，有的擅長中低音，也有負責 Rap 和 Vocal，另一方面還要顧到是否需要邊跳邊唱，如果是邊跳邊唱的歌，就還需要思考舞蹈的編排和強度。

　　以防彈少年團自己參與歌曲創作的情況下，他們還有一些調整的能力，成員們也說過許多次他們的歌曲分配都是成員們自己決定的，但是仍然在每一次的歌曲發表之後，就會有質疑的聲音。

　　許多沒有參與創作的團體，面對這樣的質疑就更無法說明，這就好像是公司的原罪一般，永遠不能避免或是被認同。

　　這樣的狀況對藝人和經紀公司會造成什麼樣的傷害呢？

　　團體最需要的是和諧，但是他們不會不知道這些粉絲在爭吵的

狀況，一次兩次還能當作沒看見，次數多了就可能引起團體裡成員之間的尷尬和不和諧，也可能因為壓力而選擇了不合適自己的部分，那就會變成一場災難。

也可能因為粉絲的不夠專業或是不瞭解實際規劃，吵吵鬧鬧之後，讓公司或是藝人決定放棄了原本很好的規劃。

舉例來說，防彈少年團在 2022 年 6 月宣布每個成員都會出SOLO 個人專輯之後，成員 J-hope 號錫是第一個發 SOLO 專輯的，公司讓他完全主導自己的專輯，無論風格或是創作，以及參與的舞台活動和宣傳方式等等。

號錫本身就是一個喜歡嘗試和創新的，於是他選擇了推出很環保的數位專輯，並且用很時尚流行的音樂發表 PARTY 來做宣傳，在這過程中他滿懷著熱情的做著，但是發表數位專輯之後因為沒有實體專輯和照片小卡等（一般專輯的推出都會有的內容），有些粉絲就開始抨擊，認為公司對號錫不重視，以及認為號錫是第一個出 SOLO 專輯的成員，只有數位專輯太過輕率……各種為號錫抱不平的聲音，在後來每一個防彈少年團的成員出 SOLO 專輯時，都會再次出現比較和不滿。

　　後來在 2023 年，距離號錫的數位專輯發行時隔一年，號錫也入伍服役的同時，號錫的那張數位專輯推出了實體專輯，一切依照粉絲們所要求和期望的內容製作，當粉絲們正在認為是自己拚命罵的功勞，終於讓公司願意幫號錫出實體專輯了，卻在實體專輯的 Thanks to 裡看到了號錫這一年真實的心聲。

　　因為一切都是號錫自己作主，即使當時公司也有提供實體專輯和小卡等提議，可是號錫想要做出自己想要的風格和特色，於是他選擇了「做自己」想要做的 ，也是他的第一張 SOLO 專輯，所以他滿懷熱情的投入。

　　然而一年的過程裡，看到公司一直無端被粉絲們罵，在看到後來每一個成員出專輯時，自己的數位專輯又要再被拿出來罵一次，他的心情已經從熱情滿滿的「我要做這個」， 變成了自我懷疑的「我不知道了……」，最後他選擇滿懷著抱歉的心情，為粉絲們重新推出實體專輯。

　　於是我們會發現，粉絲在不具有真正的專業素養，資訊不正確和過度的干涉之下，會扼殺了藝人的突破和創造能力，粉絲自以為是的罵著公司，認為都是公司對藝人不好，卻反而讓藝人感覺對公司很抱歉，因為自己的想法和決定，讓公司被粉絲罵了一年，

以及很多粉絲都認為自己罵公司都是對的，反正公司跟藝人之間只有利益關係，所以公司一定是剝削藝人的，隨便罵一定沒問題。

卻忽略了藝人和公司之間除了有「合約」上的關係，他們也有合作的關係，而且如果是從艱苦的狀態下，公司和藝人一起扶持和成長的話，他們之間可能還有更深厚的革命情感，所以並不僅是甲乙方的利益關係，有強大的經紀公司才能提供藝人足夠的資源，雖然大多數粉絲都知道這個道理，卻還是有些粉絲認為自己可以對藝人的經紀公司隨意謾罵和指責，認為這樣是為自己所喜歡的藝人發聲，有些時候反而對藝人造成了傷害而不自知。

當然也不排除有些看起來像粉絲行為，實際上卻有很多是商業手段操作的痕跡，例如常常有很奇怪的「粉絲購買廣告車」到經紀公司前面抗議，這裡面往往很多訴求或是指控都很奇特，也讓很多真正的粉絲看不懂，但是卻給足了媒體報導的畫面。

或是在粉絲的圈子裡面沒有什麼討論的聲音，突然網路上某個版就特別置頂，然後出現熱搜，像這樣的狀況，粉絲也要多觀察和多看看一些比較長期有在分析和追蹤的網站，才會知道是不是真的有哪些事件，尤其是關於藝人的感情緋聞這類型網路謠言，大多都是這樣的類型在散布。

7 周年來支援的阿米們

7 周年展覽活動

7 周年模擬還原佈景

防彈成員親簽

2018 首爾音樂頒獎典禮現場應援手幅

成員生日應援活動禮物

生日應援 fan art

台灣演唱會現場應援

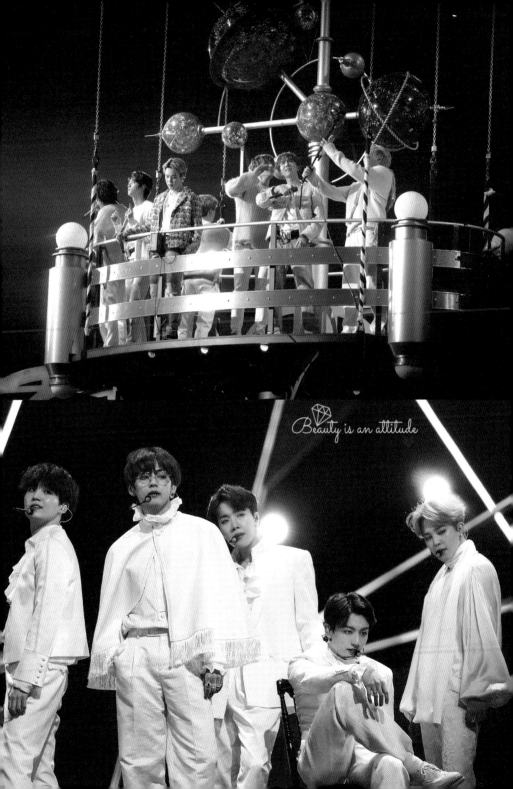

Beauty is an attitude

從沙漠
變海洋

如何讓追星的孩子更好，

如何讓你以為沒用的事情變成有用，

許多孩子因為追星被家人責備，

也有的孩子因此和家人感情變差，

但是其實可以讓沙漠變成海洋的。

霸凌的發生和面對

　　有人的地方就會有各種人與人之間會發生的狀況，在年齡平均都在國高中的階段，無法避免的會出現一些幼稚的不成熟的行為，追星的時候有許多網路霸凌甚至校園霸凌行為。

　　例如本書前述的自律小組事件，當時許多孩子就因為網路上的霸凌而遭受心理傷害。

　　也曾有年輕孩子打電話跟我哭訴，因為她班上有一群同學喜歡的偶像是跟她的偶像處於同期競爭關係，她被排擠和諷刺挖苦等等，而這樣的霸凌讓她上學很痛苦，但是學校和老師對這樣的霸凌似乎沒有任何可以幫助方案。

　　遇到霸凌真的是一個很糟糕的狀況，就連我是一個擁有自己的各種獨立能力的成人，也在追星路上遭遇過好幾次的網路霸凌。

　　除去自律小組當時被汙衊，還有被「包車追車」的車行那群人，在網路上各種訕笑。

　　還有一次是發生在做某次周年慶祝的粉絲活動時，因為遇到一

個詐騙夫妻檔，他們騙我說有拿到某款手機殼的台灣區獨家，需要我幫他們提供一些行銷意見，正好我當時要做粉絲活動，他們說提供第一批特別優惠價格給參加活動的粉絲當做回饋，我一直都是以能夠幫粉絲要到福利為方向。

在對方有提供一份韓國合約佐證之下，我就對外發布了這項產品的消息，並且如以往一樣告知有粉絲的福利價格。

當時有一些粉絲提出質疑，認為那款手機殼應該由某韓國 L 品牌店銷售，於是跟 L 品牌確認，但是其實這款手機殼是簽授權給 S 廠製作和銷售。

而當時我也已經告知那對夫妻，請他們提供 S 廠的授權銷售合約，那對夫妻說合約收在韓國的家，要回韓國拿了再拍照給我。當時因為距離我公告活動內容的日期也才過了兩日，所以我還在網路上呼籲粉絲們等幾日時間，讓他們回去韓國處理，沒想到那對夫妻飛回韓國之後就對我的訊息已讀不回，甚至還請了律師在網路上將事件始末倒過來說，把網暴引到我身上，後來我把與那對夫妻的對話內容公布，證明整個過程內容都是對方授權和同意。

當時我也已經自己跟 S 廠發信聯繫，我是可以自己幫粉絲代購這個產品，所以就算那對夫妻沒有真的拿到授權，我們粉絲活動也不會受到影響，原本就沒有什麼大事。

但是這件事被一些原本就在網路上汙衊我的黑粉利用。

他們不斷的寫信騷擾韓國的 L 品牌，該品牌台灣區代理就公告，只要跟那個品牌有關的商品都要由品牌官方店銷售才是正品。然而這商品是 S 廠拿到圖案授權自己出的商品，並不是 L 品牌出的商品，所以本來就不在 L 品牌店上架銷售，黑粉利用追星族粉絲年齡偏小，根本不會懂得這些授權，也不會分辨誰才是官方。

那些黑粉掩蓋這些實質上的內資訊，開始用懶人包的方式到處散布我是詐騙，更誇張的就是還有自媒體拿這個報導，搞得非常嚴重的樣子，黑粉更是霸佔了我臉書的粉絲專頁，每天一直洗版不讓我將事情清楚說明，因為我打一篇說明，他們就會轟炸式洗版，直接把整篇文案的方向帶歪，也讓很多人根本看不清楚真正內容，許多粉絲因為厭煩這些人的行為而起爭執，我看到又趕快阻止，因為怕那些黑粉會攻擊這些無辜的粉絲。

我被他們這樣持續攻擊的網路霸凌一個月，真的很誇張。

於是我再次請了律師，針對這個狀況在粉絲專頁發了律師公告信函，讓粉絲專頁交由律師蒐證，要求不實言論撤掉，那些作亂霸凌才平息。

後來那款手機殼真的就是 S 廠商在自己的平台上架銷售，並沒有出現在 L 品牌店，但是網路霸凌所造成的傷害，沒有人對自己的造謠道歉，那對夫妻後來還有用粉絲見面會詐騙其他藝人的粉絲。

當時說只有 L 品牌店才是正品的台灣區代理商，其實也是做錯的一方，因為明明知道那個產品不是 L 品牌出的，卻沒有提供正確資訊，事後造成風波，也沒有為他們提供不正確的資訊有任何表示，當然也是因為我只是一個粉絲，受到什麼傷害也不會被重視。

網路上搜尋依然還有當時那些故意抹黑、內容錯誤的懶人包在流傳，某些平台也依然留著抹黑和汙衊的文案內容。

幾年過去，新加入的粉絲不清楚實情和始末，看著那些內容，等於對受害者持續的造成更多的霸凌和傷害。

網路霸凌應對方法

網路霸凌這個狀況，我非常能夠感同身受。

由於網路上的資料能長久保存，即使事件風波已過去 N 年，但那些攻擊的內容還查得到，新加入的粉絲在不清楚實情和始末的情況，仍然接收到片面的不實訊息，等於對受害者持續造成更多的霸凌和傷害。

關於霸凌給予幾點建議，是為了讓追星的粉絲族可以盡量避免成為網路霸凌的對象，也不要成為網路上霸凌別人的那個推手。前提當然是假設不會有人說自己就是要霸凌別人，或是我就是喜歡被霸凌。

1. 不輕易跟隨其他粉絲去批評和責罵，先多看多聽多了解。

2. 要先懂得追星是為了「愛」和「快樂」，沒有藝人或是偶像喜歡粉絲們互相仇視和謾罵，大方向確定，自心就會知道分辨和約束。

3. 檢查自己所加入的粉絲群組或社團，如果裡面多是發平和與

友愛的內容，帶給大家歡樂為主，就是不錯的團體，但是如果裡面的群主或是經常發言的粉絲，大多是批評嘲笑他人，或喜歡煽動大家去罵別人，或是有許多小團體在群組內，這樣的團體就可以不要加入。

4. 如果遭遇網路上的言語文字霸凌攻擊，建議立刻退出那個環境，斷掉那些平台，實際上追星沒有一定要他人的支持或是認同，不需要接受理念不合的批評和要求。

5. 理性和情緒平穩的粉絲朋友可以多交流，常常情緒起伏很大的粉絲朋友就點頭微笑即可，避免被情緒綁架。

6. 真的遇到有嚴重的攻擊辱罵，甚至威脅恐嚇，請一定要告訴可以協助處理的家長，採取正確的保護措施。

這裡同時提醒家長和老師們，遇到孩子因為追星而遇到霸凌求助時，請務必記得：

1. 不要先入為主的批評，認為就是追星才會這樣產生糾紛，因為無論是否追星，真正的問題都是不該霸凌，當孩子求助的大人都觀念不正確，要孩子如何信任？

2. 焦點要放在處理霸凌的問題，處理完也不要去要求孩子不

能追星，許多家長老師都會說，不要追星不要當粉絲不就好了，說是在保護孩子不再受傷害，但這樣的話反而讓孩子更受傷，這樣的說法等於把問題推給孩子，還是把問題歸責是孩子追星的原因，也如同變個方式加入霸凌者一方吧！

很重要的是，在遇到因為追星而產生的霸凌時，家長和出面處理的師長要先能了解追星族是什麼，並屏除偏見才能中立和客觀的協助，給予正常的價值觀和處理辦法，不需要因為孩子是追星族而有不一樣的做法說法，這樣可以讓孩子更容易接受自己沒有被區別對待，因為有許多霸凌就是來自於對追星族的歧視和不了解。

追星並不是愚蠢無用的

與其如此，不如接納孩子追星的狀況，當孩子認為自己被接受，才會願意敞開心房，願意分享自己生活上的各種有趣或是不開心，這樣就能真正的與孩子交流溝通，不用擔心孩子隱瞞或是欺騙，遇到事情就可以起到教導指引的作用。

若是能在課業或是生活作息上，多參與孩子追星的生活才是最好的妙策。

熟悉追星流程和各種活動之後，是不是家長就可以跟孩子規劃和協商作息，例如某天有他喜歡的藝人活動，可以要求孩子完成自己應該做的事情，例如先補習和寫作業，然後就可以准許他去參加，有的家長會以協助購買周邊或是幫忙關注相關資訊，當成給孩子的鼓勵，不但可以和孩子一起互動，也多了更多的共通話題，比起親子間只有叨唸和責備，卻沒有溝通話題的狀態，當然強過許多。

陪著孩子一起認識和了解他所喜歡的人事物，當然應該包括他喜歡的明星藝人偶像。

避免孩子受傷害

與孩子一起了解他的追星世界，不只有助於緩解與孩子之間的關係，還可以因為能夠參與孩子的生活，在有意願和信任的交流之下，避免孩子遭受一些詐騙的傷害。

有許多孩子因為追星不被認同，所以不敢讓別人知道他在追星，於是在國中和高中的年紀，很容易遇到許多網路上的詐騙，然而除了不會分辨是否被詐騙，最麻煩的是他們可能還害怕告訴家長，例如在網路上購買演唱會的票被詐騙了，又因為不敢告訴家人，所以不能報警，如果報警就會讓家人知道自己在追星。

有些詐騙就是抓準這樣的年齡層和這樣的狀態，故意找孩子下手詐騙，認為學生單純、容易騙，騙了之後又不敢說。

所以若是家長平日能聆聽和理解孩子追星的這個狀態，就可以從旁協助，在孩子遇到問題的時候，不會害怕自己追星不被接受，如果因為害怕會挨罵而選擇隱瞞，可能會找同學朋友幫忙，幾個年紀差不多也都沒有什麼經驗的孩子，往往只是大家慌亂成一團，也有可能事情越弄越糟。

　　還有一種情況，不單只被詐騙錢財，不小心自己還捲入其中，被認為是詐騙的罪魁禍首。

　　類似我前面提到的手機殼事件，還好我是個有在社會上摸爬滾打過的大人，自己會與外國廠商聯繫，也花錢找律師，一般學生可能就難以脫身。

　　曾經就有一個孩子，她本來是幫粉絲朋友們向某個代購買周邊，錢付了半年都沒有收到代購的商品，而那個代購一直拖延最後跑掉了，但是其他的粉絲朋友認為她是收錢的人，要她負責賠償，類似這樣的糾紛，如果沒有家長協助處理妥善，有時候會演變成嚴重的詐騙案。

追星追出一片天

追星族最常被指責的就是「追星無用」，實際上追星只是一個行為，只要引導的好，追星可以成為孩子很大的一個動力，在追星族群裡最出色的幾項專長：

1. 各國語言翻譯

2. 美編製圖

3. 影音剪輯製作

4. 專業攝影

5. 歌唱舞蹈才藝

6. 網路資訊等多平台和軟體運用

7. 廣告行宣和業務能力

看到上面所述的各項專業能力，都是追星族自己為了喜愛的藝人或是偶像而自主學習，過程大多都是變成了自己的專業，而且都是非常出色的實戰經驗磨練出來，比一般的上課學習來得強。

　　說到語言能力，以前有因為追動漫而練日文的，也有因為迷電玩而學英文的，也有許多因為追星而學了日文、英文、韓文的，因為追星族有很多想要知道的第一手資訊，或是希望能跟自己喜愛的藝人溝通心意，最著急的還有當網路上一堆謠言出現，粉絲們就會很想趕快看到讓自己相信的資訊，這時候就會激發粉絲想要學習自己偶像的母語，這種學習就非常有動力，成效都比一般唸書好很多倍。

　　而美編製圖這項專長的出現，在粉絲群裡幾乎是必備的需求，因為粉絲如果想要做應援活動，最基本的就是做宣傳圖、資訊圖，各種活動比賽也要有說明圖、集資圖、周邊圖文，太多這類型相關的美編製圖需求，所以也讓很多粉絲不止學，還學得爭奇鬥艷，一個比一個厲害和專業。

　　在現在影音作品掛帥的時代，不僅有平面美編的需求，長短視頻剪輯和各種特效運用等等，也是一個需求很大的技能，粉絲不止會學著做，甚至越來越專業，無論美術編輯或是影音視頻，在某些韓國的經紀公司和媒體，都有聘請或購買使用過粉絲作品的例子。

　　攝影這項專業，在粉絲群裡是最容易被認證的，之前介紹站姐和代拍的時候就有提到也說明了他們的專業程度，因為舞台上燈光變換非常迅速，而且表演也是滿場的跑跳，能夠將專業攝影追焦發揮得淋漓盡致，還有各種專業相機所需要的數據快速調整，這樣的專長真的不會被埋沒的，有很多的攝影相關需求，甚至這種可以自行在家使用網路開工作室接案。

　　從許多選秀節目上採訪得知，很多參選者本身因為追星，受到喜歡的藝人的啟發，所以自己也立志往藝人的路上發展，然後真正成功的案例也不少。所以孩子的未來並不是只有唸書，也許他的興趣才是支撐他的動力，練習唱歌跳舞其實非常辛苦，往往讓他們堅持的卻是追星的那股熱情與拚勁。

　　對一些專門追資訊的粉絲來說，每日接觸和處理世界各地的網路資訊翻譯與分析，好的壞的，資訊從哪兒發出來的，這樣的經驗值在某些人眼裡很神奇，但是在某些粉絲的生活幾乎是家常便飯，這樣的粉絲也會在各種平台上流轉，因為要得到更多資訊之外還要印證手上的資訊，所以這些平台的運用他們也會非常熟悉，這樣的專長在大型公司集團裡面可

是市場行銷 Marketing 需要的，而無論學校如何教學，都遠遠比不上這些真正在追星的戰場裡實戰過的。

　　除了這些專長的硬實力，廣告行宣和業務能力就是大眾最常接觸到的，各種粉絲應援──捷運站燈箱、公車車體廣告，連飛機都有應援，從活動企劃到洽談，然後籌備集資以及設計各種應援禮包，還要接洽各個廣告商，比較合適度和價格 CP 值等等各種經驗累積，很難想像許多都是高中到大學的年紀開始接觸，就是因為追星而衍生的磨練機會。

　　所以誰說追星沒有前途，粉絲都是腦殘？

　　沙漠裡為什麼會有鯨魚？

　　真正的原因在「心」，

　　心如果不敞開，那就是沙漠，鯨魚也不會出現，

　　如果心敞開了，懂得了，就會發現處處都是鯨魚的天空。■

@FTBN

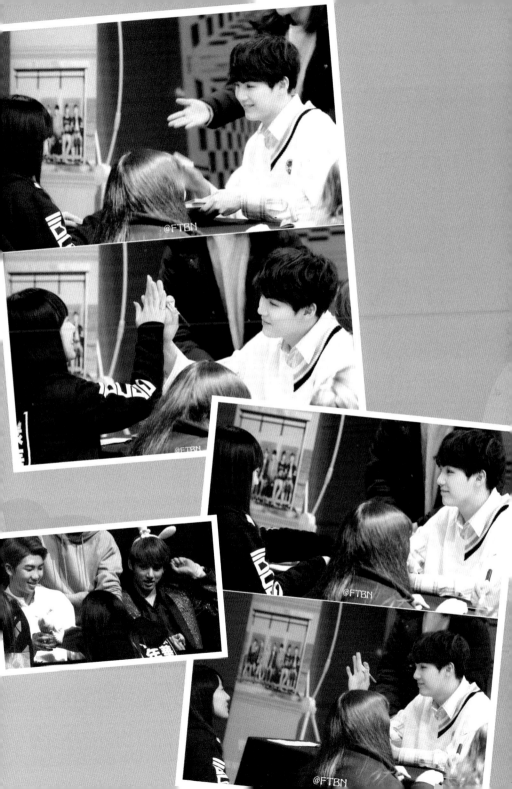

Beauty is an attitude

Beauty is

我的鯨魚

我想要用自己身為阿米的身分來寫下這個後記，

聊聊我進入粉絲世界的整個過程和經歷，

以及這本書的誕生和意義。

《沙漠裡的鯨魚》出書緣起

　　有朋友問過我，為什麼會想要寫這本書，原本我以為她詢問的是這本書的商業價值，但是後來才知道她因為不了解粉絲的圈層，所以她以為關於這方面的書應該有很多人寫過了，我告訴她其實這方面的資訊和書籍非常稀少，她覺得很驚訝，她以為追星族很多，而且很早期就有日本偶像旋風，再加上多年前台灣也有本地的偶像團體頗富盛名，怎麼會沒有人寫過這類型的書呢？

　　這分析一下其實不難理解，相關資訊缺乏的原因有幾個，首先追星族的最大年齡層落在國高中生的年紀，這樣年紀的孩子主要忙學業，即使追星也專注在明星藝人的個體和周邊，沒有機會接觸更廣的層級，就不會有多面向和多元的視角。

　　少數一些年齡層比較高的社會人士，因為已經有工作和生活壓力，在追的部分也是無法全面，可能注重的就是參與感，例如有演唱會或是一些代言周邊就會參加和購買，但是如果要做其他的事情和活動就會考慮到沒有時間。

　　再加上追星一直被認為是非主流的，即使日本動漫非常火紅，

很多人追捧聲優和動漫的周邊，即使過去有世界級的歐美歌手如瑪丹娜和麥可傑克森，大家都知道有很多很多的追星族，卻也是不會正視追星族的市場。

直到網路普及的這一個世代，因為網路的視頻和各大論壇以及平台的普及，經過網路數據化以及影音數位化，這些成效必須透過數字的呈現，例如點閱率、瀏覽率和訂閱量……等等，各大知名的國際獎項開始將網路數字列入評核內容，透過這些網路投票和數據，漸漸的才讓追星族的各種聲音和影響力傳達出來。

而我會想要寫這本書，也是因為自己從懵懂的摸索，經歷很多之後，看到粉絲市場的問題，也看到粉絲圈的許多現象，想想自己十年的經驗值是否能為粉絲族做點什麼，可以讓更多人了解粉絲，也讓粉絲們可以知道自己身為一個粉絲的意義。

在此我也要發自內心的感謝防彈少年團，因為他們的努力和成就，讓我的粉絲生涯非常多采多姿，而且是無悔的，驕傲的。

我雖然是 2013 年從他們出道就開始看著他們，但是 2015 年我才真正的了解到我是「阿米」，在自我認知到粉絲的身分之後，我開了一個專屬於防彈少年團的粉絲專頁，其實我之前從來沒有

做過除了工作需求以外的社群平台管理，而當時因為他們沒有很紅，所以可以讓我參考學習的追星粉絲專頁真的也很少。

我是在 2015 年防彈少年團到台北開第一場演唱會的時候，去到演唱會現場才感受到所謂的偶像舞台魅力和粉絲應援，但有些震撼到我的事情，其實在當時現場的我並沒有很正面的評價，反而有很多是不理解。

不理解為什麼現場這麼多排隊的人，但是他們卻不知道自己在排什麼，不理解為什麼這麼多做應援物免費發放的人，但是發出去的應援物卻不一定真的有效宣傳到自己的粉絲專頁或是平台，因為拿的人不知道自己拿到誰送的應援物，只是覺得很開心，應援物好漂亮，但是做應援物本身是要花成本的，是不是很不合常理？

不理解為什麼演場會現場要提早一兩個小時做入場排隊整隊，不理解為什麼粉絲對現場抽的那些小卡和海報那麼瘋狂⋯⋯

身為行銷宣傳專業的我，在專業的角度上很多事情都是會被認為有問題的，腦子裡第一個出現的就是職業病，快速運轉的大腦在思考是不是規劃上可以改善？是不是這場演唱會的主辦問題？還是粉絲的資訊交流有斷層？

誤入叢林

在我開了追星的粉絲專頁之後，我用我自己理解和認為正常的操作方式在經營那個粉絲專頁，因為我的初心就是想要提供更多的防彈少年團資訊給阿米。在 2015 年的那一場演唱會，台灣場的票沒有賣完，當時是在五股工商展覽館，據我所知全場阿米大約四千多人，我以專業的行宣角度分析，就是台灣的粉絲市場還有很大的空間，如果可以讓更多人認識和了解防彈少年團，就可以增加新的粉絲加入阿米，也可以鞏固原本的粉絲族群不流失。

當時曾參考一些阿米開的粉絲專頁，大多的內容是「翻譯」和感覺在「聊天」，因為防彈少年團是韓國團體，翻譯是很需要的，聊天就是那種粉絲專頁可能發一個圖，然後大家在留言區和管理員互動，這裡偶而會有一些狀況就是資訊不足或是錯誤，然後就會看到大家在猜測或是揣測，也可能搬運其他平台的資訊來互相討論，所以我想要做的粉絲專頁是可以提供更肯定、也更有深度的資訊。

現在想想當時的我實在是太大膽了，後來我還笑自己是「誤入叢林」，因為我看到的粉絲面向就是太少，那時候的我所站的角度和面向還是屬於一個社會人士，而不是一個粉絲，有很多事情我的思考和立意都是好的，卻可能還是有些沒注意的狀態，而遭到一些不滿的攻擊。

例如當時有個防彈少年團的泰國寫真書，我看到網路上收購的價格已經炒高到近一萬元，我覺得這樣的價格太誇張了，阿米都是小妹妹們，防彈少年團當時還沒有很紅，這樣的價格我不理解。於是我去韓國找到了一個明星周邊販賣的店家，這個店家說他們倉庫還有很多防彈少年團的泰國寫真書，因為那時候韓國當紅的偶像團體是其他的團體，所以防彈少年團的寫真書並不是很熱賣，我很開心的在粉絲專頁公告這樣的消息，一本泰國寫真書的售價不到三千元，認為幫很多阿米找到好東西，省了很多錢。

那時候我也飛去日本看防彈少年團的演唱會，現場排日本場周邊的時候，我也會想說反正我都排隊了，看看有沒有台灣的阿米想要代購的，我就幫忙買一買，價格我也是隨便看一下匯率就幾乎原價代購。

　　那時候也是沒什麼經驗，說了自己覺得超好笑而別人會不相信的就是，我居然還賠錢了！因為一個月後我收到刷卡的費用才發現，天啊～手續費也好多錢啊！我忘記有國際刷卡手續費這件事了，後來也有阿米朋友私下問「K姊～妳確定妳日本代購那些金額沒有算錯嗎？」，但我的個性就是已經說了多少錢那就是多少，賠了一點就算了，反正我也不是靠這個代購在賺錢，我自己有賺錢的工作。

　　就在我看到阿米朋友貼給我一些代購專頁的價格之後，我才知道我代購的價格真的很低，即使如此我也不在意的說了一句「我也不是要做代購賺錢」，後來可能因為有些阿米拿了我的價格去比價，認為其他代購價格高，然後又加上我的那句話，傳啊傳的不知怎麼就變成我攻擊其他代購，讓其他代購都被說成賺很多粉絲的錢，後來我就被一些代購視為眼中釘給討厭了。

　　當然這些也是後來真的開始了解粉絲圈之後，才知道原來有這樣的一個因果關係存在，在當時的我可是一點都不知道也完全沒想到，這樣的市場關係也是一種微妙的存在，可以理解，只是那時候被我不小心給忽略了。

在傷痛中前行

再來就是剛進入追星的世界對粉絲的圈層型態不了解,所以我用自己的立場和角度看很多從我認知上是理所當然的事情,其影響就是,當我在進行網路交流、與粉絲來往討論的一些互動上被認為我很高傲,其實我不是高傲,只是因為我自己的年紀和見識本來就已經到了一個層級,所以對於事情的看法和角度就會比較不同,我認為很簡單可一眼看透的事情,就可以講得很輕鬆,對於對方沒有認知到的部分,也習慣了職場上快狠準的習性,認為直接告訴對方就可以快速解決,卻沒有思考到對於觀看者年齡層落在學生族群的時候,他們可能就認為我在說教或是高高在上。

雖然這沒有對錯,但是我在漸漸理解了之後也開始做了一些改變,只是如果是針對事實的扭曲,我還是會嚴肅的應對,畢竟初心不能變,當初開設粉絲專頁的初心就是要提供更正確的資訊和有意義的內容。

學著不去看太多負面的消息,遇到一些小偏差是發生在其他平台或是某些粉絲喜愛去的討論區,當他們在做一些資訊上的分

享和討論不是很正確或是有不好的方向時，我會視情況先放著幾天，如果是很簡單幾句話就可以說明，才會馬上處理。

這樣的差別在哪呢？差別在有時候放個幾日觀察，或許會有正確的資訊出現，也有可能那些所謂故意放出錯誤消息的，帶不好風向的，會被其他的粉絲發現糾正。

我覺得這樣的方式也很不錯，慢慢感覺到自己並不是孤軍奮戰，可能以前都是自己一個人衝太前面了，別人還沒跟上而已。若是放了兩三天事情有越演越烈，一些謠言開始發酵，影響到許多阿米的心情，或是輿論的偏頗程度太大，這時候也正好可以利用這兩三天的資訊蒐集來做一些比對，找出其中的謬誤之處。

在發文之前我都會思考再三，從防彈少年團的角度，從經紀公司的角度，從世界各地阿米的角度，從我們台灣阿米自身的角度，國際觀和市場觀的角度，綜合各種角度轉換立場去觀看和思考，最後從自己能做到的程度來發文，漸漸的也有許多阿米朋友可以理解。

我也希望在追星的路上，除了開心快樂的追星還能帶給阿米們更多个同的視角，擴展阿米的思考層級與範圍，即使這過程依然

會有許多不認同和不以為然，但我卻依然堅持，因為本來我也是隻身一個人來到粉絲的世界，只要不枉初心，收點惡意也不是太大的問題。

能走到自己現在的心境，也是經歷了好幾次網暴，所以書中正文有提到相關的一些事件，那些只是挑選合適給大家做範例的，實際上有好幾年我都會因為網路上的一些惡言和造謠覺得很難過，最嚴重的時候就是會一直不停的掉眼淚，自己開車去看心理諮詢，從掛號、問診到離開，我的眼淚像是關不起來的水龍頭一樣，後來我因為肚子餓去診所旁邊的攤子買炸雞排，我覺得雞排的老闆應該有被嚇到，一個一邊笑著點餐卻一邊流眼淚的客人，自己想想都覺得嚇人，這樣的難受和內心傷害，一路上是防彈少年團的歌和他們的愛與精神支持著我。

例如，因為一封寫給防彈少年團隊長 RM 的信，我被網暴得很嚴重，甚至黑粉鬧到防彈少年團的官咖（官方粉絲會員平台暱稱），因為黑粉在網路上公開我的官咖帳號讓大家去搜，導致一夜之間我的帳號有異常流量。

大概官咖的管理者也發現了異常，因為官咖是封閉式需要申請

會員和經過審核，還要繳會費才能加入，也嚴禁將官咖的內容搬到外面公開，所以瀏覽量一直很平穩，但是黑粉們將我在官咖寫給防彈隊長 RM 的信搬到網路上公開嘲笑和汙衊，甚至對內容任意解讀和捏造。

對於這樣的狀況，明知道不要理會，但是心裡當然很委屈和感到不平衡。

但是，在官咖流量異常的第二天，我看到隊長 RM 他發了兩則推特主旨分別是 I see 和 I see 2 ，沒有其他言語而是用簡單的四張照片，一組是從冰融到花開，一組是從黑白到彩色，兩組漸進式的照片讓我看了淚流滿面，我能理解到和感受到那層意義。

我從此打起了精神，想著那照片的意義，想著自己看著防彈少年團一路從無到有，從各種的抹黑攻擊和嘲笑一路堅持走出自己的花路，想到他們當時才只是一群十幾歲未滿二十歲的青少年，他們遭到的惡意和打擊遠遠是我的數倍，他們是如何堅強和堅持自己的信念，他們是如何度過那些艱難的時期，一邊心疼他們一邊告訴自己，我是一個比他們年長許多，擁有歷練和各種資歷與能力的社會人士，怎麼可以不堅持不撐住，他們的 Love yourself

和 Love myself 以及堅韌的精神，他們傳達著對阿米的愛與信任，
還有 Magic Shop 傳達了自心才是一切的魔法，這些都讓我成長
和轉變。

追星必瘋演唱會

　　追防彈少年團十年，正好他們去入伍服役，這十年非常忙碌的
不只是防彈成員們，我想身為他們的粉絲阿米，也是非常非常忙
碌的。

　　我開始追的第一場演場會是從 2015 年，因為要寫這本書的時
候我也需要整理一下自己的時間軸，就順便給大家參考一下。

　　2015 年 3 月 8 日 BTS LIVE TRILOGY EPISODE Ⅱ THE
RED BULLET 台北

　　2015 年 11 月 27~29 花樣年華 ON STAGE 首爾 (手球競技館)

　　2015 年 12 月 26 日 花樣年華 ON STAGE~Japan 神戶 (現場
取消演場會)

2016 年 1 月 9 日 台視超級巨星紅白藝能大賞 (台北小巨蛋)

2016 年 1 月 24 日 第二次官方粉絲見面會 首爾 (高麗大學體育館)

2016 年 3 月 22~23 花樣年華 ON STAGE~Japan 神戶 (補辦)

2016 年 5 月 7~8 花樣年華 ON STAGE:EPLOGUE 首爾

2016 年 6 月 9 日 花樣年華 ON STAGE:EPLOGUE 台北

2016 年 7 月 12~13 大阪

2016 年 7 月 23 北京 (南俊身體不適演唱會簡短曲目)

2016 年 8 月 13~14 東京

2016 年 11 月 12~13 第三次官方粉絲見面會 ARMY AZIP + 首爾 (高尺天空巨蛋)

2016 年 11 月 28~30 第三次日本官方見面會 東京

2016 年 12 月 6~7 第三次日本官方見面會 名古屋

2016 年 12 月 14~15 第三次日本官方見面會 大阪

2017 年 2 月 18 日 THE WINGS TOUR 首爾 (高尺天空巨蛋)

2017 年 5 月 13~14 香港

2017 年 5 月 30~6 月 1 日 大阪

2017 年 6 月 14~15 名古屋

2017 年 9 月 24 Kpop world Festival in Changwon 韓國 昌原

2017 年 10 月 21~22 台灣 (桃園國立體大體育館)

2017 年 11 月 4 日 澳門

2017 年 12 月 9~10 首爾 (高尺天空巨蛋)

2018 年 1 月 13~14 第四次官方粉絲見面會 首爾 (高尺天空巨蛋)

2018 年 4 月 18~21 日本第四次官方粉絲見面會 橫濱

2018 年 6 月 22 日 樂天家族 首爾 (奧林匹克主競技場)

2018 年 7 月 7 日 SBS SUPERCONCERT IN TAIPEI 台北 (南港展覽館)

2018 年 8 月 25~26 首爾 (奧林匹克主競技場)

2018 年 11 月 13~14 東京 (東京巨蛋)

2018 年 11 月 23~24 大阪

2018 年 12 月 8~9 台灣 (桃園國際棒球場)

2019 年 6 月 15~16 第五次官方粉絲見面會 MAGIC SHOP 釜山

2019 年 6 月 22~23 第五次官方粉絲見面會 MAGIC SHOP 首爾

2019 年 11 月 23~24 第五次日本官方粉絲見面會 MAGIC

SHOP 千葉

2019 年 12 月 14~15 第五次日本官方粉絲見面會 MAGIC

SHOP 大阪

　　這些是我記得的演場會，而我幾乎是只要人到現場就是無論連續 2 天或是 3 天，我都一定全部場次都參加，所以如果再加上去 MMA 和 AAA 頒獎典禮現場，以及 2016 年開始每年他們回歸 2 次都有去參加簽售會，應該是超過 50 場次的現場經驗。

　　很可惜，美國場因為時間安排至少要出國半個月以上，因為工作關係沒有去成，本打算 2020 要衝美國場的，結果疫情變嚴重就整個停擺了，一直到 2024 他們全員陸續入伍，就停擺了演唱會的活動，當然他們線上的各種演唱會和電影院的直播等等，是絕對會去參加的。

　　其中有一場演唱會的經歷印象特別深刻，2015 年的日本神戶場演唱會，那是防彈第一次的演唱會現場宣布取消。當時也是我第一次參加日本場演唱會，在現場的我原本很興奮期待，但是開場等很久都沒有動靜，這是很不尋常的，通常防彈少年團的演唱會都是準時開場，接著看到隊長 RM 和幾個成員走出場，又是一陣驚訝……還以為日本場的開場這麼特別，只有五個成員站在舞台上講了一些話，在聽不懂日文的狀態下，聽到全場日本阿米在哭，這情景想像一下真的是嚇死人了。

　　好險當時坐在旁邊的阿米是一對母女，女兒會一點英文，她幫我做了一點解說，就是成員玧其和泰亨他們身體不適，到醫院檢查了，所以宣布演唱會取消，後續公司會發布取消後的退票等權益，然後他們演唱了 5 首歌曲給現場的阿米們。

　　那時日本場都是用加入會員才能抽籤，抽中了才能再去登記然後付款領票，日本演場會的過程非常繁瑣，我不會日文的狀態下很難弄懂，也是研究很久才靠自己摸索完成，抽到演唱會的票超級興奮，抱著極度期待的心情第一次為了追星飛到日本，然後居然就遇到了這麼讓人驚嚇的取消演唱會事件，一顆心空落落的再飛回了台北。

簽售會的二三事

　　參加這麼多場次各式各樣的活動，並不只是去演唱會而已，也是很多文化交流和學習的好機會，所以書中寫到的許多分析也是從這些經驗中得到的。

　　說起簽售會也可以來分享一下。

　　我還記得我是早期公開如何參加簽售會的流程和方法，在我之前真的簽售會就是一個謎，我把它整個給透明化了，但是因為我

將一個原本被認為只有追星族的老粉才知道的資源，分享給許多新的粉絲，讓一些人認為造成了更多的競爭者，當然也是有些人會對我不滿。

說真的我能理解老粉的心態，畢竟這些管道和方式對於剛入門的粉絲是真的接觸不到，一場簽售會也是非常競爭，說是抽的其實只有首場因為是開放連網路上購買也可以參加，所以是真的用抽的，其他地方場幾乎是靠購買的專輯張數來排，一場只有100個名額，他們保障韓國阿米70個名額，只有30個名額給外國籍阿米（我們稱海外米），其中海外米裡面有實力競爭的前幾就屬日本（櫻花米）、中國（中米）、台灣（阿米），其實說起來我覺得泰國粉絲也很有能力，只是不知道為何在簽售會上很少看到泰米。

反正就是大家要能擁有最正確的資訊，掌握簽售會的規定，在哪裡購買以及要能夠抓到購買的數量，買少了直接沒進，會蹲在韓國街頭哭，如果買太多當然也是浪費了，因為一次回歸大概會有 3~4 場的簽售會，不是只有一場簽售會，我是在粉絲專頁開的集資回歸專輯，我都說得很清楚，就是我要衝簽售會，如果有阿米朋友願意支持可以跟我購買專輯。

我覺得我可以去到現場，就是幫台灣的阿米們給防彈的成員帶去問候和禮物，所以只要參加我的專輯集資活動，我就幫帶一封信給他們喜歡的成員，並且每個成員抽出 2~3 位阿米幫他們帶禮物，簽售會現場親手幫阿米送給成員，也因此我每次去到簽售會現場都很像聖誕老公公，大包小包的都是禮物和信，大概是拖兩個行李箱的量。

剛開始我跑簽售會也是手忙腳亂很生疏，第一次去到現場我還沒有帶專業相機，是一個站姐因為她沒抽中該場次的簽售會，託我幫她拍照，所以我拿了站姐的專業相機，再加一台錄影機，兩個腳架架起來，座位的前後左右都塞滿了要給防彈成員的禮物，我已經無法動彈了，可能我看起來就很笨拙，也很不像一般的站姐，所以防彈的成員好似已經注意到有一個看起來「很新」的笨拙阿米，因為之後多跑幾場簽售會，我發現他們好像有記得，現在想一想會記得也是很正常，畢竟當時能這樣衝簽售會的海外阿米真的除了站姐也沒有幾個了。

話說簽售會衝歸衝，禮物帶去給防彈少年團的成員之外，最頭大的是要把好幾百張的實體專輯給搬回台灣，畢竟這些都是阿米們真正購買的專輯，裡面還有成員小卡等等。一開始 2016 年我

是不到一百張專輯就抽中了簽售會，後來到 2017 年已經一場超過五百張專輯，2018 年到了超過八百張專輯，真的很恐怖。

曾經有人問我參加集資購買專輯的數量有那麼多嗎？

事實上如果集資代購的數量不夠，我在現場也是會直接自己加碼購買，既然人都已經飛到首爾當地等著了，當然要以購賣數量達到能抽到進場為優先考量，我曾經在粉絲專頁公開過衝一場簽售會大概要準備的金額，機票住宿和餐飲加上購買專輯的費用，大約要準備 7 萬以上，所以如果專輯購買數量不足造成沒有抽中進簽售會，那就是全部自認虧損，還要付出很大的心力去處理後續專輯代購發貨等等事情，是很淒慘的。

那麼多專輯怎麼帶回台灣？

聽起來好像很簡單，其實很不容易，以前自己用行李扛，後來超過負荷就直接在首爾給集運的公司托運。但是也不要小看托運，有一次我光把專輯運回台灣就花了近 5 萬元，這個就是因為還有「隨專輯贈送海報」，專輯很重之外海報還附有海報筒，那個體積和重量真的嚇死人，但是又能怎麼辦呢？我又不喜歡跟粉絲專頁支持我的阿米們說要補差額，就能吸收的都自行吸收了。

　　不過這又可能讓一些代購被波及，畢竟他們要賺錢不能跟我這樣玩，而且我也是自己拖著行李箱裝滿數十公斤的專輯搬運到集運公司，真的會累死不是好玩的。為什麼要自己搬運專輯？因為有很多的簽售會地方場就是在唱片行現場購買，一次買好幾百張的專輯這樣搬走，到後來才有跟集運公司配合請唱片行直接寄送到集運公司。

　　因為知道這個過程是真的很累很辛苦，後來我就不太做代購的部分，一方面我覺得有良心、服務又好的代購也很多，而且要處理各種疑難雜症很多瑣碎的事，讓好的代購賺錢是應該的。我這種好玩的就不要干擾到他們的市場了，另一方面我也有幾個阿米朋友代購做的不錯，我乾脆就直接找他們，既可以幫助有需要代購的阿米，也不會踩到代購阿米的線，自己又可以樂個輕鬆。

　　既然都寫到簽售會和代購這部分了，乾脆就說說不知道從哪兒來的網路流言，意思是跟集資買回歸專輯讓站姐衝簽售會的粉絲是笨蛋，因為嘲笑他們「花錢送站姐去跟哥哥握手」。還說那個專輯銷量是沒有計算的，因為站姐本來就是要花那個錢，集資等於是買站姐買過的專輯，所以對專輯銷售量沒有幫助……我個人覺得這樣的邏輯很奇怪，這意思是說假設站姐本來就要買 100 張

專輯，那參加站姐的集資就等於買了站姐原本買的那 100 張專輯之一的，可是正常情況是，站姐集資了 100 張專輯，然後她自己本身要準備 100 張專輯，她就是要衝 200 張專輯的銷售啦。

因為後來的數量根本就不夠衝一場簽售會，大家購買專輯的數字都是一直往上加，例如我上面說的，集資的專輯數量只是我的一個底氣，讓我知道我可以有多少數量的專輯，例如集資了 300 張專輯，我到現場一定是把專輯數量往上加，視每一場簽售會的情況可能加到 400 或 500 張都有可能，後來防彈少年團越來越火，簽售會實在太搶手已經不確定要買多少張才夠的時候，也曾經將我手上的集資數量跟另一個粉絲專頁的管理員相加，這也是一個方式。

而我每一次去簽售會，都是告訴防彈少年團的成員，我是台灣阿米，我不在乎自己的名字或是粉絲專頁的名字他們是否記得，我覺得是很多台灣的阿米朋友大家一起努力集資，透過大家的力量我才能抽中簽售，所以我要讓成員們記得台灣的阿米很想念他們，支持他們，帶了很多的信和禮物給他們，所以到 2019 年他們官方公告不接受禮物之後，我就沒有再衝簽售會了。

　　我對個人是否可以見到他們一直都沒有覺得重要，因為真正重要和有意義的是我可以為台灣阿米做點什麼，我曾說過有一天我可能隨時會不見，就像很多站姐也會關站消失一樣，可是讓防彈記得台灣阿米卻是可以永遠在他們心中，這樣對防彈和台灣阿米雙方都更有意義，我只是一個有能力就多做一點的橋樑罷了。

　　那些年也出現一些莫名的攻擊，例如對於我說我是台灣阿米這個部分，超級有趣的是，攻擊我的人是說我不能說我是台灣阿米，因為我不能代表台灣所有的阿米，我真的覺得這些粉絲的思想很有意思，他們的邏輯只有一個方向，就是隨便他們自己去定義事件。

　　我如果不能說我是台灣阿米，那日本阿米，中國阿米，美國阿米，他們都要說自己是什麼？本來就不可能有人會傻到認為一個人說自己是韓國人，他就代表全韓國的人，所以就不可能發生我說我是台灣阿米，對方就認為我代表所有的台灣阿米，這種邏輯只有他們自己講得很開心，看得我感覺很好笑而已。

　　粉絲世界有時候就是那麼有趣，這種我覺得根本沒有可以吵鬧價值的話題，他們也能吵很久，當時還吵得煞有其事的，我後來

覺得可能這只是粉絲圈一種熱鬧的方式，講政治話語就是「假議題」的操弄。

在粉絲圈待久了就會了解，有些粉絲就是到處流竄，他們可能定義自己存在的價值就是到處找碴生事，而且他們會不斷的更改網路名字，在各個平台遊走，飯圈太平靜他們就會不舒服，不搞點事情吵吵鬧鬧可能就會覺得自己沒有存在感。我要說個公平一點的話，這樣的人也不是只有在粉絲圈存在，各種圈層都有這樣的人，所以這裡我只是單純指出粉絲圈裡面有這樣的人，並不是說這樣的人是粉絲圈裡的特產。

在經歷了開粉絲專頁，參與各種演唱會和簽售會，以及開設了第一家粉絲專屬的展覽咖啡廳 (FansCafe)，期間我也籌辦很多的追星應援活動，從成員的生日應援活動，到組織「踩點團」到韓國去玩，很多都很有意義，也和阿米們一起擁有了許多特別又快樂的回憶。

其中生日應援除了舉辦阿米們集資送禮物，也參與了首爾的巴士應援，韓國、中國以及新加坡的四個大站聯合。

還有周年應援活動，最盛大的一場是防彈少年團七周年慶祝，

我向政府機關提出正式的申請，租下了台北市政府列為古蹟保護的展覽場地，展覽內容除了七個成員的七站高清照片展示，還有一個還原防彈少年團七個成員概念照的場景布置供阿米們拍照，並且還結合了 Fan Art 與視頻欣賞，也設計了活動專屬的 LOGO，該場活動我們不但遵守所有的規範，阿米們也非常有秩序，從布置到撤場都有專業團隊的素質，讓政府機關看到了我們追星族的文創能力與良好的價值觀。

快樂踩點

踩點團也是一個創新，什麼是「踩點」？一般人可能不太懂這個意思，「點」 就是明星藝人曾出現的地點，粉絲也會想去現場看看，「踩點」就是親自跟隨自己喜歡的藝人足跡 ，例如有些拍攝 MV 的場景，藝人去某些餐廳用餐曾經簽名打卡，粉絲就會去那個場景拍照，嚐嚐他們介紹過的餐飲。

在我阿米的十年生涯裡，踩點最開心且溫暖的就是「防彈少年

團的姨母食堂」，是因為防彈少年團在自製綜藝節目「新人王」裡面講述在他們練習生時期，最愛吃的就是姨母做的餐飲，於是開始帶動我們阿米都叫這間專賣黑豬肉料理的小餐館「姨母食堂」。

　　我從一個人追星自己去吃，2016 年那時候姨母食堂還不需要排隊，到 2017 年就隨著防彈少年團的聲勢起飛，姨母食堂也開始越來越多人去踩點，踩點團就安排一部遊覽車的人去吃，這麼多年來我只要去首爾就一定去找姨母吃飯，我和姨母也建立了很難得的友誼，摘錄分享兩篇我曾寫過的隨手小文章：

　　和姨母食堂的情誼~1　2016,0123

今天晚上去姨母的店看姨母，
店裡人很多，都是他們熟客的樣子，
一見到阿姨就很開心，跟阿姨抱抱打招呼，
叫了阿姨說防彈愛吃的另一個餐，暱稱一號餐，
還有拌飯是三號餐，

姨母招待超好喝豆腐味噌湯，

吃好撐。

姨母很忙，還是來跟我們打招呼，

我們一進去，就有一桌孩子一直看我們，

甚至到回頭來看我們，我們被看到不太好意思，

後來他們吃完要離開，很有禮貌的跟很多人打招呼說再見，

我也跟他們說掰掰和加油 (^_-)

～每次都要去看望姨母和吃飯

和姨母食堂的情誼~2 (2022)

舊公司和舊宿舍，姨母食堂，

也是我們老米的回憶，和充滿意義的地方。

在 2015 年到姨母食堂之後，

每年都會去看姨母，

從一個人去，店裡兩桌客人，悠閒的用餐，

到後來踩點團，我帶了 30 幾人去。

還記得 2016 年時，一次我一個人去，

因為演唱會的各種趕行程都沒吃飯，

雖然晚了仍然想去看姨母，送她台灣的太陽餅，

因為第二天要飛回台灣了，

姨母已經在準備打烊，

我不會韓文，所以也沒有說出自己其實很餓，

但是姨母卻把我留下，說一定要吃飯，

吃飽再回台灣，

還特別給我加菜加蛋，

在那常常一個人又冷又累又餓的追星日子，

真的，超級溫暖和感動，

現在想起，都還會紅眼眶。

（坐在計程車上，司機可能以為我在傷心什麼）

後來這樣踩點的阿米越來越多，韓國的很多地方景點都在粉絲踩點這方面做旅遊宣傳，也有旅行社也學習開辦粉絲踩點旅遊。不過有許多私房景點是只有我們粉絲自己才知道的，例如 MV 裡

面出現的車站、餐廳、披薩店，或是成員聚餐的餐廳，和其他藝人朋友相聚的咖啡廳⋯⋯等等，這些景點一般人根本不會知道。

　　當時我安排踩點團是跟韓國的金誠旅行社老闆接洽，這個老闆是中國人娶了韓國媳婦，所以溝通完全沒問題。記得一開始是聊到他在大田帶過很多團，那些人追星都要看宋仲基的家或是一些相關景點，我就說那我要去看防彈少年團的 MV 和綜藝裡出現的景點，這老闆就說只要我把地點找出來給他，他就可以規劃。

　　結果我給他的地點他都看到傻眼了！其中要去一片荒野裡看一棵樹（春日樹），還有 Not Today 的礦山，另外加上一個叫日迎站的偏僻廢棄火車站，再加上一個大學裡偏僻廢棄的游泳池⋯⋯，現在想想都覺得很好笑，哪個旅行社會覺得這些廢墟居然是要安排參觀的「景點」，真的是專門為我們這群阿米開的客製化行程。

　　也要稱讚一下這位金城老闆，因為他很認真負責，要知道這些景點根本沒有任何的相關資訊可以查，所以他親自開車去探查地點和計算車程，以及了解路況是否合適旅行團的四十人座巴士行駛，中午還貼心的安排了路線上會經過的一家鄉野裡道地好吃的韓國蔘雞湯，晚餐再安排到新沙的姨母食堂。

最特別的是那個礦山，我們是第一組也是最後一組去參觀的團體，因為現場韓國的政府相關人員來對我們詢問後說明，我們才知道那裡是保護區要經過申請，我們也基於保護區應該要被保護的精神，答應不對外宣傳那個景點，所以除非有當地或是韓國熟悉的阿米單獨前往，不然幾乎找不到那個地點，而我們那一次可能就真的是那個礦山踩點團的絕響了。

組織踩點團的心情 （2018）

昨天半夜在弄踩點團的內容，
心裡有很多感受 ，因為自己也很想趕快飛去玩，哈哈

FTBN 好像一直都在做一些「怪」的事情，
但是這些都是有很多原因讓我想要做的，
例如踩點團，
就是因為以前都自己一個人在追在踩點，
覺得如果可以大家一起去多好，

光想到可以一群阿米一起去買柴犬頭套⋯⋯大家戴著拍照就覺
得畫面會很可愛，
而且一個人去玩什麼體能競技也不會覺得好玩。

跟大家一起去可以認識很多阿米朋友，
而且吃的也會變比較好吃⋯⋯
一個人默默買來吃，跟一群人吵吵鬧鬧的一起吃，
真的感覺差很多呢，哈哈
無論排隊、買東西，大家都可以互相幫忙，
年紀小的阿米家人也比較放心，
因為大家都在一起會互相照顧。

晚上大家聚在一起聊防彈，
踩點的時候一起尖叫一起拍照，
排周邊的時候有人陪，分享各自的追星心路歷程，
輪流去上廁所、買東西吃，
辦了幾次之後有些阿米原本也是一個人，
因為這樣的活動交到好朋友，
知道之後自己也覺得很開心。

雖然辦踩點團自己蠻累的，
因為我不是旅行社，所有的行程又都是客製化，
自己上網找地點找圖檔找資料，
再提供給韓國旅行社的朋友，
他們常常不知道我找的這些是「什麼地方」，
而且做我們的踩點團因為都不是觀光景點，
他們也賺不到什麼錢，
找一堆網路上的資料「逼迫」他去幫忙弄清楚，
弄半天可能我又說那個地方太遠時間不夠去不了⋯⋯
（我覺得我還沒被他殺死算很幸運　哈哈）

然後開了這樣的團就要負責弄好　，
無論飯店還是巴士⋯⋯等等都要處理好，
怕有人覺得不開心，也怕當場有什麼狀況，
所以壓力還真不小，
但是，
只要想到可以一群人去衝去瘋，
就還是充滿期待！

希望 8 月首爾演唱會可以搶到票，
搶不到票我們就去現場找票，
集體圍剿賣票的殺價，
哈哈，圍剿殺價這個是我開玩笑的啦！
我不會韓文無法做到。

很想趕快衝去看防彈，
今天讓我胡言亂語一下。

FTBN - 防彈踩點 The Min's （2016）

今天去，看到 11 月時還沒出現的花樣 Pt2，
粉專好像是珍珍的字，
說會一直支持，一直 RUN。

還有新的海報，
然後昶旻爸帶狗兒散步去，狗狗長好大喔，

莓果飲依然好喝
有隱藏版的歐巴店員 （上次也沒看到喔），
會韓，英，日文……下次可能進化會中文了，
人很細心，大推。

FTBN- 防彈踩點之 Grill5taco 2017

冷到手腳快痛死的 -18 度，
我們拚命的走，
沿路問人，
終於，找到了這間 MV 拍攝場景。

YA~
要怎麼走回地鐵站？
真的超冷啊！
活在冰箱裡很辛苦。

消失的應援手幅

　　追星的路上學到很多，還有好多好多有趣的事，也有一些基本的與韓國官方互動的故事，很難忘的是台灣場演唱會的應援手幅消失事件，大概有追韓團的粉絲都知道，台灣粉絲的應援是很棒的，但是那次我們阿米的應援手幅居然被迫消失。

　　分享這個事件也是基於我們在當粉絲的時候一定會參與的「演唱會應援」，網路上也有發生一些被廠商騙的或是主辦單位推卸責任的事情。

　　那次的台灣場演唱會就發生我們粉絲專為演唱會應援的手幅被台灣方的主辦單位沒收，甚至限制不准我們阿米帶進場的事情。

　　雖然那個事件是粉絲的演唱會聯應團隊有些疏失，簡單敘述一下狀況，就是那次的聯應團隊都是年輕的阿米妹妹們組成，她們設計了要使用在應援手幅上的字，透過主辦方提交給韓國經紀公司做審核，當時主辦是說有一個用詞要改，但是阿米妹妹們很想用那個詞，也不覺得那個詞有何不妥，就「再次將同一個應援詞句重複送審」，但再次送審之後就沒有收到回應的消息了。

於是阿米妹妹們就覺得主辦這次沒有說要修改，應該就是可以了，阿米妹妹們表示她們也有多次詢問主辦方關於應援手幅的後續，都沒有得到回應，於是阿米妹妹們就在最後距離演唱會的日子不到一周，印刷廠商通知必須下單製作，不然時間上來不及印製的時候決定下單製作了。

阿米妹妹們的疏失就是在經驗不足，她們判斷的是如果還是不能使用那個字，應該會如第一次送審的時候一樣通知她們不可以用，這次沒有通知不可以，且她們有再次跟主辦方詢問是否不可以，也沒有得到回覆，於是她們就選擇使用了，這部分是有點僥倖的心態，但是也不能說是單方面的問題。

在手幅已經全數印製完成後，沒想到當時的主辦單位居然在演唱會前一日說阿米妹妹們的應援手幅因為字不對，所以不可以使用，而且還將所有的應援手幅都扣走。

我在那場演唱會其實也有組一個聯合三十幾個粉絲專頁的應援團隊去申請，但是主辦通知獲得聯合應援資格的團隊是另外幾個阿米妹妹們的團隊，於是我就轉而默默支持和協助發布分享聯應團隊的消息。

　　所以這件事情有些阿米不懂為什麼我會知道，因為我也在準備要去演唱會現場的場外和其他自主性應援活動，那天很晚的時候接到了某位阿米妹妹的哭訴電話，她說聯應團隊的阿米妹妹們都很傷心又難過。

　　當時主辦方是以「韓方」兩個字做為他們的尚方寶劍，但是我知道這是不對的，因為真正的審核權在「韓國藝人的經紀公司」，而主辦方口中的韓方只是演唱會的對接橋樑。

　　粉絲也是購買票入場的消費者，只要符合演唱會規定可攜帶入場的物體大小和材質，他們無權禁止甚至沒收消費者的物品，更無權沒收扣住，這些手幅是我們阿米的財產，價值好幾萬元。

　　關於演唱會粉絲帶應援手幅進場，手幅上要印什麼字樣是粉絲的事，之所以提供給藝人經紀公司審核，是因為粉絲希望能達到整片一致的應援海效果，而且也希望能提前進入場內做應援物的擺設。

　　並不是我們粉絲要用什麼應援必須經過誰同意，我們很多粉絲都是自己帶自己做的應援手幅進場看演唱會，拿大字報或是搞笑圖文的也很多，所以那次實在是因為時間緊迫加上聯應的阿米妹

妹們真的年紀很輕，說主辦方態度強硬讓她們很害怕，加上第二天就要演唱會了，所以反應時間不足讓大家都措手不及。

而那次演唱會兩天的粉絲應援也很特別，一般都是一個團隊負責，正巧那次主辦還分別選了兩天由兩個不同的團隊各自負責一天，在第一個應援團隊的手幅被沒收事件發生後，第二天的聯應團隊很聰明的將所有手幅留下，第一天雖然沒有辦法應援，在阿米們大家一起齊心齊力的幫忙和奔走之下，第二天演唱會的手幅全部都在場外發放完畢，在演唱會現場還是舉起了阿米手幅海，看到手幅海的當時真的落淚了。

後來防彈少年團成員和韓國的經紀公司似乎都知道了這個事件，之後 Big Hit 經紀公司宣布所有粉絲應援直接向韓國經紀公司申請，那時候知道這樣的消息真的很感動，畢竟應援本身的本質是粉絲對喜愛的藝人表達心意的方式，應援是自由的，不該被如此粗暴的對待。

在此也解說一些關於粉絲應援的基本問答供參考，並不是每間經紀公司都一樣，細節還是要依照每個經紀公司公告執行，但是大方向是沒問題的。

粉絲申請應援的團隊該何時開始集資和準備各項應援事務？

⇨ 從官方正式回覆你，你的團隊申請成功，是官方認可的應援
團隊開始。

**粉絲組成的應援團隊提出的應援方案不被官方採納時該如何處
理？**

⇨ 請尊重並詢問官方應該改善的地方，並採納官方所提出的應
援方式或內容。

**如果應援團隊後續提出的要求不符合官方之前回覆的內容，應
援團隊應該如何處理？**

⇨ 如果向官方提出異議沒有得到正式回覆，請繼續進行原本官
方要求製作的內容，因為韓國經紀公司對於「不同意」的事
有時候會不做回覆，也就是公司沒有回覆「可以」，應援
團隊就要當作公司認為「不可以」。

應援團隊如果不依照官方同意的方式執行應援內容會如何？

⇨ 官方有權力禁止在演唱會活動中沒有被官方回覆同意的應援
內容。

飛翔的鯨魚

　　在許多人都還認為追星是浪費時間和生命的事情，或是把粉絲看成只會尖叫和亂花錢的時候，我們已經在用追星的力量和粉絲的資源跟著自己的偶像藝人做慈善活動，例如我就辦過很多次的成員生日慈善集資捐款應援，福袋禮包集資捐款應援，以及與捐血中心合作在台灣北中南號召阿米熱血應援⋯⋯等等。

　　沙漠裡的鯨魚不在沙漠，而是早已成為了遨遊在心之海的鯨魚。

　　這十年的追星不只自己有很多的收穫，也希望更多的人可以透過這本書獲得幫助，無論是好奇想要看看粉絲世界的，想要開拓粉絲市場的，或是開始正在追星路上的，家裡有追星族需要一起成長的，只要是一顆良善的心，追著的是一個充滿愛的藝人團體，學會保持正向和正能量的態度，追星可以追得很多彩多姿，也可以得到很多的成長！

捐血公益禮包

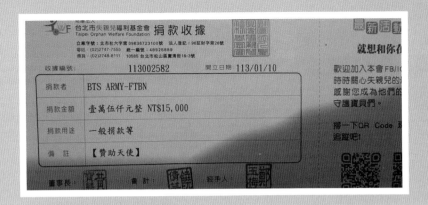

歡迎加入本會 FB/IG
時時關心失親兒的...
感謝您成為他們的...
守護寶貝們。

掃一下QR Code 及...
追蹤吧!

失親兒福利基金會
TAIPEI ORPHAN WELFARE FOUNDATION

感 謝 狀
CERTIFICATE OF APPRECIATION

茲感謝

BTS ARMY TW

集資捐款 2 萬元

熱心公益、嘉惠孤幼，特贈此狀以表感謝。

董事長 黃寶慧

中華民國 110 年 12 月 27 日

公益應援禮

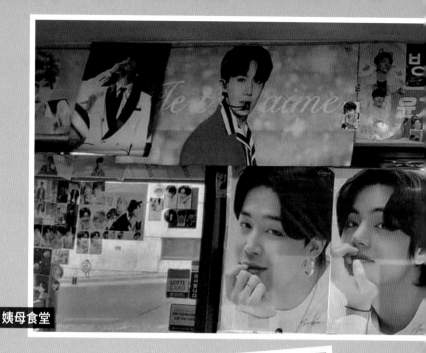

姨母食堂

姨母食堂

〈春日〉MV 拍攝地

〈春日〉MV 拍攝地

〈Not today〉MV 拍攝地 礦山

尹東柱詩人公園

〈

〈春日〉MV 拍攝地 日迎站

〈春日〉MV 拍攝地 春日樹

作者：FTBN K

本名：桂竹君

網路名：黑翼撒旦 紫

專長：行銷公關、企劃、節目 / 廣告製作、寫作、編劇

從小喜愛寫作，自 2001 年開始在優秀網路文學網上寫連載小說，開啟各種創作。

至 2015 年已有多本實體書的著作，主要以專業實用書籍為主。

2013 年因為工作關係，開始關注到 BTS 防彈少年團，於是成為防彈少年團的粉絲，期間也有 2 年曾受邀與知名網路自媒體簽約成為部落客作家。

影視媒體創作等相關資歷：

劇本：公視、湖南衛視、愛奇藝、微電影，廣告，短劇。

行銷公關：電視媒體集團行銷經理，負責開台記者會企劃與執行，媒體發稿，報導撰寫，展場活動企劃與安排。

節目製作：自製節目負責人，負責企劃、腳本撰寫、製作人、主持人及後製剪接。

媒體包裝：電視媒體集團頻道，所有 PROMO 監製、配音、審核及排播，帶領視覺美編團隊 4 人，每週產量 16 支 PROMO。

廣告製作和監製：負責企劃、腳本撰寫、製作人、配音、後製 ，以及監製，審核，排播 。

特別感謝

封面圖原創	Heloise Kuei
封面電腦繪圖設計	MIROKO
部份照片贊助提供	B.A.
資料提供	FTBN防彈爆報

TITLE

沙漠裡的鯨魚

STAFF

出版	三悅文化圖書事業有限公司
作者	FTBN-K 桂竹君
創辦人 / 董事長	駱東墻
CEO / 行銷	陳冠偉
總編輯	郭湘齡
文字編輯	張聿雯　徐承義
美術編輯	謝彥如
國際版權	駱念德　張聿雯
排版	謝彥如
製版	明宏彩色照相製版有限公司
印刷	桂林彩色印刷股份有限公司
法律顧問	立勤國際法律事務所　黃沛聲律師
戶名	瑞昇文化事業股份有限公司
劃撥帳號	19598343
地址	新北市中和區景平路464巷2弄1-4號
電話 / 傳真	(02)2945-3191 / (02)2945-3190
網址	www.rising-books.com.tw
Mail	deepblue@rising-books.com.tw
港澳總經銷	泛華發行代理有限公司
初版日期	2024年5月
定價	NT$380 ／ HK$119

國內著作權保障，請勿翻印 ／ 如有破損或裝訂錯誤請寄回更換

國家圖書館出版品預行編目資料

沙漠裡的鯨魚：防彈阿米的飯圈觀察筆記
/FTBN-K 桂竹君著. -- 初版. -- 新北市：三
悅文化圖書事業有限公司, 2024.05
208面；14.8 X 21公分
ISBN 978-626-98537-0-0(平裝)
1.CST: 流行文化 2.CST: 偶像崇拜

541.3　　　　　　　　　113005773